KB201567

기적의 금식 약

박이스라엘 **지음**

하늘빛출판사

기적의 금식 약

박이스라엘 **지음**

마10:6-8, "오히려 이스라엘 집의 잃어버린 양에게로 가라 가면서 전파하여 말하되 천국이 가까이 왔다하고 병든 자를 고치며 죽은 자를 살리며 나병환자를 깨끗하게 하며 귀신을 쫓아내되 너희가 거저 받았으니 거저 주라."

예수님의 제자 된 사람들은 반드시 연약한 백성을 고쳐야 하는 책임을 예수님으로부터 받은 사명자들 입니다. 그래서 우리는 기도하고(마5:24외) 금식해야 하고(마4:1-) 백성들을 금식하게(마6:16-18) 도와야 합니다. 예수님께서 본을 보이셨기 때문에 우리도 마땅히 그렇게 따라 해야 되기 때문입니다.

한분이 방광암에 걸려 수술하게 되어 병문안 갔습니다.

어마어마한 병원은 12개동이고 2개는 또 지으려고 계획한 것을 정문에 붙여 났습니다. 병원이 크기도 해서 병동이 많고 병원이 좋은 것은 좋은데 저 안에 가득 들어서 신음하고 고통하며 죽어가고 있는 백성들을 생각하니 가슴이 멍멍해졌습니다.

저는 이곳 기도원에서 얼마나 많은 백성들이 신음하고 고통 속에 있으나 치료받지 못하고 삶과 몸과 가정을 잃고 있는지를 누구보다도 잘 알고 있지요 평범한 목회자가 아니기 때문입니다. 아픔

4

과 고통을 당하지 않는 사람이 기도원을 찾을 리가 없으니까요.

암으로 신음하는 백성들이 저 안에 얼마나 있을까? 조상들의 우상숭배한 죄 값으로(출20:5) 우리는 이렇게 많은 병을 앓아야하고 성경에 무지한 저희들은 그러면서도 나아갈 방향을 알지 못하여 찢고 째고 그러다 죽고 자녀를 잃고 그 마음을 찢으며 한탄 되어버린 삶들이 얼마나 많은가?

아이 병동도 가득, 암 병동도 가득, 외래병원도 우굴우굴, 병원이 커지면 커질수록 많으면 많을수록 백성들의 아픔의 소리가 많은 것이 아닌가요? 이제 병을 다른 치료방법도 다방면으로 연구하고 있는 줄 알고 있지만 걸리지 않을 수 있는 성경적인 방법을 제시하고자 함입니다.

이스라엘 사람들은 우리가 걸리는 병은 안 걸린다던데 무슨 이유인지 알아봐야 되지 않겠어요.

아득하게 잊어버렸던 지난날의 나의 모습이 되살아났습니다. 아버지께서 저를 택하셔서 예수 믿게 하시고 그 고난의 십자가의 보혈로 저를 씻어 정결케 해주셨으나 무슨 일인지 저는 머리부터 발끝까지 성한 데가 없이 아프고 고통스러웠어요. 결혼 전에는 감기 한번 걸려봤고 보름동안 귀신들렸다고 누워 있었던 것 외에는

아픈 적이 없었는데 결혼 후부터 갑자기 아프기 시작했지요. 물세
례도 받고 성령세례도 받고 기도도 많이 하는 열심 있는 집사였
습니다. 우상숭배의 죄를 씻고 성령충만에 이를 수 있는 속을 씻
는 금식은 알지 못하고 부흥회하여 성령 충만 받는 것만 알았지
요. 그것이 가랑잎에 불 부치는 것과 같이 효과가 며칠 못 간다는
것을 몰랐지요. 금식이 속을 씻는 것이며 나를 고치고 조상들의
우상숭배의 죄까지 씻는다는 것을 몰랐기에 어려움을 당했다는
것을 성경을 몇 백독 한 다음에야 뒤늦게 깨닫게 되었습니다.

저는 병원 갔다 오면 약에 취해서 정신을 차리지 못해 또 병원가
고 먹어도 먹어도 안 낫고 한방 약방 병원 벼라 별 일을 다 해봐도
내 몸은 힘이 없이 자꾸 스러져가니 머리는 편두통으로 날마다 때
리고 위는 밥 들어가면 소화시키라고 만들어졌는데 밥을 보면 가
만히 있어 소화 안 되는 이유가 위 무력증, 심장은 부지런히 제 속
도로 뛰어서 숨 쉬게 해줘야하는데 무슨 보조가 안 맞는지 숨이
가빠 계단을 오르내리면 몇 번씩 쉬어가야하고 밥 먹고 찌꺼기 내
보내라고 만들어진 항문은 힘을 쥐도쥐도 안 내보내 주니 변비도
너무 심해 일주일, 이주일, 결국엔 그 독이 어디로 가나? 소변은 왜

그리 자주 마려워 하루에 16번씩 오죽하면 세어봤겠어요. 이는 왜 그렇게도 들썩대는지 그것이 풍치라네요. 폐가 약해서 개도 안 걸리는 여름 감기를 365일 달고 살았던 지난날 내 몸은 왜 이리도 나를 거역하며 못살게 하나 내가 하나님을 거역하고 순종하지 않으니 지옥이(벧후2:4) 따로 없고 사망이 언제나 나를 쏘며(고전5:15) 괴롭혔어요.

그런데 순종하고(삼상15:22) 금식으로 말씀으로 거룩하게 씻고 닦고(약1:27) 꿈. 환상으로 응답받고 예언은 분별하고(행2:17-21) 하루를 분별하여(롬12:2) 회개하고 용서하고 용서받으니(마6:14,15) 아주아주 행복해졌답니다.(신10:13)

저는 20-40살까지의 저를 잊고 있었어요.

"옛날이 오늘보다 나은 것이 어찜이냐? 하지 말라 이렇게 묻는 것은 지혜가 아니니라."(전7:10) 말씀에 충실하여 어제의 모든 일은 잊고 오늘의 하루살이로 사는 것을 훈련하다보니 잊어버린 것이지요. 그런데 이 간증집을 통하여 저처럼 행복해지기를 원하시는 많은 분들을 위하여 긍휼 많으신 하나님 아버지께서 생각나게 하셨다고 크게 말할 수 있답니다.

저는 지금 나이가 60인데요 하루 세 시간 자고 풀가동, 아홉시 회의로 시작하여 희력(웃으면서 하는 일) 심방, 상담, 꿈 해석 설교 등 갖가지 일을 황소처럼 하고 다녀도 피곤하면 예배시간 전 10분 정도 쉬면 다시 원상복구 됩니다. 밤 12시 기도시작 5시까지 그리고 5시부터 8시까지 잡니다. 그것도 손자 다윗이 깨우면 8시 전에 일어나야 합니다. 하루가 어떻게 가는지 모르는데 여전히 왕성한 성령 충만의 모습입니다.

세권의 책을 내고 나서도 깨닫지 못했지요. 간증집이 필요하다는 것을……. 그 사이에 무엇이 있었길래 60이 된 나이에 이렇게 변화 받아 건강하고 힘 있는 삶을 살게 되었을까요? 금식입니다.

다달이 1-3일씩 지금도 변함없이 합니다. 16년이 넘었지요.

왜 금식하면 이렇게 되는지는 3권의 책 성령충만 받으라! 성경으로 해석하는 꿈. 환상, 옛 구습을 버리고 새사람을 입으라에 소개 되었지만 구체적인 설명이 없었습니다.

그래서 함께 금식하며 훈련 중인 종들과 성도들의 건강하고 활기찬 삶을 소개하여, 뱃속의 아이부터 노인에서 짐승에 이르기까지의(요나서3:6-8, 요엘서2:15,16) 생생한 간증집을 내서 백성들에게 알려 병과 삶에서 자유하게 살아갈 수 있도록 하는 것이 저의 지상명령이라는 생각이 들었습니다.

돈 문제, 건강 문제, 자식문제, 가정 문제가(레26:14-) 나의 삶을 짓눌러도 예수님의 그 십자가에 누가 될까봐 예수님의 십자가 보다는 내가 훨씬 낫다고 나를 마취시키고 또 마취시켜도, 영광은 못 돌려도 죽는 소리는 하지 않으려고 누르고 눌러 기쁜척하고 아무렇지도 않는척해도 결코 기쁘진 않고 눌러도 내 환경과 마음은 이제 성령 충만을 상실했었습니다.

천국 백성을 살고 있지만 천국이 아닌 지옥의 삶을 이 땅에서 살고 있었던 것이지요. 이제 기쁨으로 나의 하나님 아버지가 예수님께서 성령께서 하셨노라고 목청 높여 소리치며(사58:1) 마음껏 행복합니다. 금식하시면 저처럼 되십니다.

목차

제 **1** 부

하나님이
기뻐하시는
금식

기적의
금식 약

제 **2** 부

금식의
놀라운 체험을
하신 분들의
간증

1 부

하나님이
기뻐하시는
금식

하나님의 치리 법 (대하 18:18)

하 나 님

미가 선지자가 본
좌우에 만군(대하18:18)

우 : 천사

좌 : 사탄, 마귀, 귀신 철장
(계2:27, 12:5, 19:15)

* 의의 근원자
* 구원받은 백성을 섬기라고
  보내신 영
* 두 영이 역사하는 이유 순종자,
  성령이 내주하시고 천사들이 수
  종들어 좋은 일을 만들어준다.
  (레26:1–13)

* 죄의 근원자
* 불순종의 아들들에게 역사하는
  영 (엡2:2)
* 하나님이 부리시는 악신
  (삼상16:14)
* 불순종하면 사마귀가 사람에게
  들어와서 온갖 나쁜 일을 만들
  어 낸다. (레26:14~39)

(사마귀 : 사탄, 마귀, 귀신의 줄임말)

	순종자	불순종자
보내어진 영	천사(히1:14)	사탄, 마귀, 귀신 (삼상16:4, 엡2:2, 5:6등)
하는 일	복 준다 (레26;1-13)	벌준다 (레26;14-39)
상벌의 종류	1. 돈 있다 2. 건강 있다 3. 자식 잘 된다 4. 가정 평안	돈 없다 건강 없다 자식 안 되고 속썩이다 가정불화 이혼 등
두 영의 이름	사자 (마1:20)	사자 (마25:41)

천사도 사탄, 마귀, 귀신도 하나님의 심부름꾼으로 쓰고 계신 것이다. 그 외 사마귀의 쓰임은 성경의 곳곳에 나와 있다.

하나님 대적자이며(사14:12-14) 시험자이며(마4:1 욥1:10-12 약1:13-15) 꾀이는 자이며(창3:1-4) 벌주는 심부름꾼이기도 하다.

영이기에 보이진 않으나 이런 일이 일어날 때에 우리는 이런 영들이 움직여서 우리를 복주고 벌주게 하셨구나 하고 안다면 보이지 아니하시는 하나님을 삶에서 좋은 일과 나쁜 일을 통하여 즉시 만나게 될 것이며 나쁜 일이나 어려운 일이 생겼을 때에 즉시 흉악의 결박을 푸는 하나님 기뻐하는 금식이(사58:6) 필요하다는 것을 알게 될 것입니다. 알면 하게 되는 것이 사람이며 내 삶을 풀어내고 생명이 살아나고 지옥이 사라지는 귀중한 것인 것을 알면 없던 시간이 생깁니다.

즉 우리가 불순종의 죄를 지었을 때, 그 근원자가 사탄, 마귀, 귀신이며(행13:10, 엡2:2, 5:6) 이사야 58:6절에서 말씀하시는 흉악의 결박자입니다.

하나님 기뻐하시는 금식

회개와 용서를 통하여(사58:4) 나의 죄를 자복할 때 그 죄 때문에 들어온 사탄, 마귀, 귀신의 결박이 풀리면서 병이 나가고 돈을 묶었던 것도 나가고 자녀를 묶었던 것도, 가정을 불화하게 했던 것들도 나가면서 천사가 동원 되고 순종자의 복으로 바뀌게 되는 것이 성경입니다.

위의 하나님의 치리 법을 로마서 8:1-2절에서는 그리스도 예수 안에 있는 생명의 성령의 법이 죄와 사망의 법에서 해방 되었느니라 하셨고, 마태복음 5:22-30절 이외의 많은 성경이 사망이라 하였고, 마태복음 3:2절 이외 수많은 성경이 천국이라 표현했으며, 마태복음 4:16절 이외의 성경이 저주라고 했고 마태 5:3절 이외의 성경은 복으로, 고린도전서 3:16,17절에서는 좌측의 삶을 멸 당했다고 말씀하고 있습니다.

멸의 반대는 복으로 보면 되겠지요.

이사야 4:4절에서는 심판과 소멸의 영으로 말씀하고 계십니다.

병과 삶이 고쳐져야 온전한 성령충만을 받을 수 있습니다.

아파서 힘을 잃고 돈이 없어 고통 속에 있으며 자식들이 고통 속에 헤메이거나 가정의 문제들을 해결하지 못하면 진정한 기쁨이 없는 것은 성령충만이 없기 때문입니다.

진정한 성령충만은 내 삶의 기쁨에 있으며 그것을 성령충만이라 표현합니다. 삶을 빼놓고 성령충만의 정의를 내린다면 그것은 귀신충만일 뿐입니다.

주의 종들이 육신적으로는 능력 있게 가르친 것처럼 보이나 하늘의 보이지 않는 능력을 받지 못하므로 권세에 이르지 못합니다. 그 능력은 "기도와 금식 외에는 없다."고 마가복음 9:29절에서 설명하셨습니다.(전수성경)

이러한 성경을 참고하지 못하고 기도만 하면 된다고 해왔던 우리의 믿음은 한가지의 문제를 해결하고 나면 다른 문제가 대두 되었습니다. 그것은 조상들의 우상숭배한 죄와 그 행위를 따라한 (벧전1:18) 우리의 망령된 행실 때문에 고쳐지는 것처럼 보이나 네 가지의 벌로 돌아다니고 있었던 것입니다.

  이제 금식을 통하여 하늘의 빛이 우리의 아름다운 인격과 행위로 말미암아 갚아지면서 아주 우리의 삶에서 떠나는 역사가 일어나게 됩니다.

 * 병과 삶의 치료의 확률
 - 금식하면 90명이 삶과 병을 치료받고 순종하지 못한 사람 10명이 실패합니다.

03

금식 실패한 10명의 원인

첫째, 하나님 기뻐하는 금식을 못했거나, 회개와 용서 없이 밥만 굶은 금식(사58:3,4)

둘째, 교회에서 집에서 일하면서 목사님들 설교하면서, 준비되지 않는 기도원에서 하는 것

(회개의 말씀 없이 복만 받으라는 말씀을 전하는 곳)

셋째, 너무 늦어 죽음 직전이거나 순종치 못할 때

- 금식하지 않으면 98명은 병원으로, 예수의 이름으로 2명이 낫습니다. 저주를 풀지 못하면 병은 나았으나 삶은 그대로입니다. 금식하면 삶도 병도 함께 좋아집니다. 인격도 공의롭고 정의롭지(암5:24) 못한 행위도 고쳐집니다. 그의 근원자인 사탄, 마귀, 귀신

이 나가기 때문입니다.

1) 하나님이 기뻐하는 금식(사58:6)

　① 하지 말아야 할 것 두 가지(사58:3)

　　a. 일하지 않는다.

　　b. 오락하지 않는다.

　② 해야 할 것 두 가지(사58:4)

　　a. 회개한다.(렘2:9)

　　b. 용서한다.(마5:22~26,18:18)

2) 준비된 기도원에서 금식과 보식을 정확히 한다.

　① 금식 : 수술기간

　② 보식 : 회복기간

　③ 은사 집회 통하여 성령과 불로 세례 받는다.(마3:11)

3) 아버지께서 원하시는 기간 (사58:6)

　(1) 금식기간 : 하루 (보식: 두끼) 이틀 (보식: 하루 반)

　　　　삼일 (보식: 이틀 반)

　(2) 보식 때 먹지 않아야 되는 음식

　① 개고기(행15:29), 돼지고기, 닭고기, 소고기, 오리고기,
　　육고기류

　② 설탕 든 음식, 냉동식품, 매운 것, 익히지 않은 음식, 익

히지 않은 가루, 밥, 밀가루 음식

⑶ 보식 때 먹을 수 있는 음식

① 아무것도 넣지 않은 흰죽

② 된장국, 무국, 동치미, 부드러운 반찬, 부드러운 생선류,
과일 부드러운 것

4) 하나님이 싫어하는 금식

(1) 금식하지 않아야 될 장소

① 집 ② 교회 ③ 일하면서 ④ 이곳저곳 돌아다니면서

⑤ 주의 종이 설교하면서

(2) 금식할 때 먹지 않아야 할 것

① 물외에 아무것도 먹지 않는다.

② 물에 아무것도 첨가하지 않는다.

③ 쥬스, 소고기, 미음종류, 차종류, 음식이나 가루음식이나
아무것도 물에 타서 먹지 않는다.

④ 하나님은 그대로(요2:5) 따라하는 사람에게 기적을 일으
키신다.

⑤ 주사 맞고 금식하지 않는다.

5) 나를 새롭게 만들고 내 삶을 새롭게 새 땅(몸) 만들어 새 하늘을 나에게 오게 하는 최고의 비결(계21:1)

6) 돈 문제, 건강문제, 자식문제, 가정문제가 모두 해결된다.
   (사 58:7,8,11,12)

7) 다달이 3년 이상 금식하면 조상들의 우상숭배한 죄가 풀린다.
   (출20:5).

8) 금식할 때가 된 때
   ① 신랑을 빼앗겼을 때 (삶이 안 될 때) - 막2:20
   ② 성령이 나에게 아니 계실 때 (곤고할 때) - 마25:1~13
   ③ 육체의 힘이 약해질 때 (성령충만이 떨어진 상태)

꿈, 환상 (응답)

1) 잘못된 응답법이 믿음의 장성자들을 쓰러뜨리고 있다.(렘 2:8)

   이곳에 오신 여러분의 암환자와 삶의 환자들의 영적인 상태를 보여

   주시다.

   ① 응답을 기다려라.

   ② 세미한 음성을 들으려 해라.

   ③ 사랑한다는 말을 들으라.

   ④ 예언하려고 하라. (고전 14:24~25)

2) 우리는 삶과 인격에 너무나 많은 귀신들이 자리하고 있는 조상들의

   우상숭배한 죄가 그것을 따라하고 있는 불순종의 죄가 줄줄이 3~4

   대를 내리고 있다.(출20:5)

① 욕 : 지랄, 염병, 환장하겠네, 죽겠네, 미치겠네 등(16:13~14)
② 돈, 건강 없음, 지식 안 됨, 가정불화

3) 이런 일을 모두 귀신들이 내 몸속에서 하고 있는데 우리는 그것을
따라하고 있다.(계16:13~14) 1번의 일을 우리가 하려고 할 때
한 두 번은 성령께서 깨닫게 하시나 나중에는 귀신들이 움직여 자리
한다.

4) 점쟁이 귀신

5) 무당귀신들이 자리하고 춤추고 날뛰는 자리에 암들이 발생하고 치
명적인 병들이 발생하고 있는 것이다.

6) 해결방법

1번의 잘못된 응답을 기다리지 않는다. '사랑합니다.'는 나만 하
고 들으려하지 않는다. 어떤 예언이든지 거절하고 자꾸 들리면 현
찰로(삶을 잘되게) 달라고 한다. 마음의 소리 모두 거절한다. 성경
을 거절하는 것이 아니라 우리의 마음 밭이 아버지 것이 아니라
사탄 마귀 귀신들의 놀이터가 되어 있기 때문이다. 꾸준한 금식으
로 새로운 마음 밭을 만들어 그 안에 성령님을 모실 때까지 계속
한다.

'꿈, 환상으로 말씀해 주세요.'라고 말씀드리고 잠을 자면 모든

것을 알려주신다. 해석은 전문가에게 받고 내가 배우면 된다.

7) 꿈, 환상은 성령께서 주시는 우리의 구원의 방법이며 생명의 길이다.(행2:21, 28) 사단이 장난할 수 없다. 그러나 해석하는 사람에 따라서 잘못 갈 수도 있다. 해석자가 누구냐가 중요하다.

8) 응답을 잘못 받아 죽은 사람 : 사울(대상10:13~14, 삼상 28:3~)

9) 예언을 꿈, 환상으로 분별하고 그 말뜻도 분별해야 한다.

금식하면 몸과 삶이 건강해진다.

1. 금식하면 왜 병이 나을까? (왕하5:8~14)

1) 나아만 장군의 예입니다.

나아만 장군은 엘리사의 말에 순종하여 요단강에서 일곱 번 씻
으므로 문둥병에서 해방되었지요. 빨래는 비누로 세탁기에서 빨
고 몸은 물로 씻으면 되는데 우리의 영적인 상태는 무엇으로 씻느
냐는 것이지요. 금식으로 씻습니다. 저도 문둥병과 같은 몸과 삶
이 금식으로 씻어 건강하고 복된 삶으로 넘어갔답니다. 제가 씻어
지니까 저의 남편 성스데반 목사님도 하나님 아버지의 부름을 받
고 이혼 13년 만에 집으로 돌아왔는데, 벧엘에 발 딛는 순간에 술
귀신이 도망갔고 훈련받아 거룩한 목사가 되었답니다. 둘 중의 하

나만 씻겨도 문제가 해결됩니다.

2. 금식은 어떤 사람이 할 수 있는지 성경적인 근거를 보도록 하겠습니다.

1) 제사장의 금식입니다.

레위기 16:29 "너희는 영원히 이 규례를 지킬지니라. 일곱째 달 곧 그달 십일에 너희는 스스로 괴롭게 하고 아무 일도 하지 말되 본토인이든지 너희 중에 거류하는 거류민이든지 그리하라 "

2) 백성들의 금식입니다.

레위기 23:26-32 "여호와께서 모세에게 말씀하여 이르시되 일곱째 달 열흘날에 속죄일이니 너희는 성회를 열고 스스로 괴롭게 하며 여호와께 화제를 드리고 이날에는 어떤 일도 하지 말 것은 너희를 위하여 너희 하나님 여호와 앞에 속죄할 속죄일이 됨이니라. 이날에 스스로 괴롭게 하지 아니하는 자는 그 백성 중에서 끊어질 것이라. 이날에 누구든지 어떤 일이라도 하는 자는 내가 그의 백성 중에서 멸절시키리니 너희는 아무 일도 하지 말라. 이는 너희가 거주하는 각처에서 대대로 지킬 영원한 규례니라. 이는 너희가 쉴 안식일이라. 너희는 스스로 괴롭게 하고 이달 아흐렛날 저녁 곧 그 저녁부터 이튿날 저녁까지 안식을 지킬 지니라."

우리의 건강한 몸과 삶을 위해서 이렇게 쉼을 허락해놓았습니다. 진정한 쉼을 오장육부가 함께 쉬는 것을 성경이 증거하고 있습니다.

이스라엘 백성들은 지금도 이것을 지키고 있지요. 예수님은 비록 적은 숫자가 믿고 있으나 건강하고 능력 있고 지혜롭고 돈 많은 것은 이렇게 하나님께서 명령해 놓은 금식을 대를 이어 하고 있음이 아닐까요. 좋은 것은 따라해야지요 성경이니까요.

부자가 천국에 못 간다고(마19:24) 하니까 부자 되는 것이 혹시 겁나시는 것은 아니시지요. 그 부자는 죄의 부자지 삶의 부자가 아닙니다. 죄를 버리면 천국에 간다는 뜻입니다. 예수님은 부와 지혜와 힘과 존귀와 영광과 찬송의 주인이십니다.(계5:12) 그래서 우리나라가 부요의 나라가 되지 않았나요. 예수님을 믿으면서 부를 갖지 못하고 있는 것이 잘못된 것이지요. 가난은 심령 가난이지(마5:3) 삶의 가난이 아니라는 것을 우리가 깨닫고 삶의 부요를 찾아 영광 돌려 드리고 많은 영혼들을 위해서도 손과 마음을 열 수 있는 저와 여러분이 되시기를 예수님의 이름으로 축복합니다.

요엘서 2:15-17

"너희는 시온에서 나팔을 불어 거룩한 금식일을 정하고 성회를 소집하라. 백성을 모아 그 모임을 거룩하게 하고 장로들을 모으며 어린이와 젖 먹는 자를 모으며 신랑을 그 방에서 나오게 하며 신부도 그 신방에서 나오게 하고 여호와를 섬기는 제사장은 낭실과 제단 사이에서 울며 이르기를 여호와여 주의 백성을 불쌍히 여기소서. 주의 기업을 욕되게 하여 나라들로 그들을 관할하지 못하게 하옵소서. 어찌하여 이방인으로 그들의 하나님이 어디 있느냐 말하게 하겠나이까 할지어다."

요엘서에서는 정해서 하라고 하셨지요. 저희 벧엘에서는 다달이 3일 금식을 정하여 주시고 오래한 사람과 처음 시작한 사람을 구별하여 지금은 1-3일까지 다달이 씻고 닦아 거룩을 유지케하신 성경적인 근거입니다. 조상들의 우상숭배한 죄 값이, 생수가 나와야 하는 우물에서는 똥물이 나오고 겉으로 보기에는 좋은 옷, 좋은 차, 좋은 집에 있지만 보이지 않는 세계의 눈으로 보면 옷이 더럽고 집도 허술하며 모래 위에 집짓고...(마7:26) 그러므로 옷도 세탁하고 안약도 사서 눈에 넣어 보이지 않은 세계를 볼 수 있어야 되기 때문에(계3:18-19) 월 3일의 금식을 명령하셨음을 깨닫습니다.

많은 분들이 3일 금식이 성경에 어디에 있느냐고 반문하셨고 이단이라고도 했지요. 어떤 분은 또 이단은 금식을 안 한다나요. 이단도 금식하면 원단으로 돌아오지요.

3) 장로(목사, 장로, 요한2서 1:1, 요한3서 1:1, 벧전5:1)
어린아이, 젖 먹는 자, 신랑과 신부(뱃속에 아이)

요나서3:4-10
"요나가 그 성읍에 들어가서 하룻동안 다니며 외쳐 이르되 사십

일이 지나면 니느웨가 무너지리라 하였더니 니느웨 사람들이 하나님을 믿고 금식을 선포하고 높고 낮은 자를 막론하고 굵은 베옷을 입은지라. 그 일이 니느웨 왕에게 들이매 왕이 보좌에서 일어나 왕복을 벗고 굵은 베옷을 입고 재 위에 앉으니라. 왕과 그 대신들이 조서를 내려 니느웨에 선포하여 이르되 사람이나 짐승이나 소떼나 양떼나 아무것도 입에 대지 말지니 곧 먹지도 말 것이요 물도 마시지 말 것이며…… 각기 악한 길과 손으로 행한 강포에서 떠날지어다.(회개를 촉구하고 있지요)

4) 왕도 대신도 백성도 짐승도

우리도 이와 같이 나라의 어려움을 위해서 금식해야 하지만 현재 우리나라의 사정은 백성 한 사람 한 사람의 죄악이며 그 죄의 댓가로 병들고 고통하면서도 그 이유를 알지 못하는 것입니다. 이유는 성경이 우리를 정죄하는 죄의 댓가입니다.

저희 벧엘에서는 닭, 거위에게 마이신을 먹이는 것이 아니라 월 1일의 금식을 통하여 그들을 돌봅니다. 얼마나 건강한지요. 펄펄 날아다닙니다.

이제 신학교에서도 교회에서도 금식을 가르치고 본을 보여야 할 때입니다. 세상이 악해지면서 거룩을 유지하지 못한 교회가 무너지고 수평이동만 계속하며 수가 줄어들고 있는데 이는 사탄, 마귀, 귀신이 제일 좋아하는 것입니다. 누가 일으키고 있나요? 흉악의 결박자입니다. 사람 속에 입속에 말속에 들어가서 생각을 조장하고(요13:2) 싸움을 일으키면서(갈 5:26, 엡6:12, 마16:18, 딛3:3, 잠6:34, 27:4) 목사님들과 교회들을 죽여가고 있는 것 모르시진 않으신 거지요.

신학교를 나와서 목사가 되는데 금식얘기하면 펄펄뛰는 이유는 무엇입니까? 신학교에서는 성경을 가르치는 것이 맞지요. 그런데 왜 금식은 모르는지 모르겠어요. 백성들은 귀를 기울이는데 신학교를 나온 목사님들은 더욱더 핍박이 심합니다. 왜 그렇습니까? 예수님께서 마태복음 4장에서 우리에게 본을 보이시고 마6:16-에서 명령하셨는데 왜 이렇게 저를 나무라기만 하시는지요. 이제는 가르쳐야 되지 않을까요? 금식을 하고 가르치면 이 백성을 온전히 영육 구원하는데 얼마 안 걸린다고 하셨어요. 그런데 믿는 자들 입에서 이제는 전도는 하지 말고 성도를 지켜야 한다네요.

이단에 빼앗기는 이유가 귀신을 모르고 그들은 알기 때문에 그들의 꾀를 이겨보지 못하고 있는 것입니다. 말세라서 전도가 안된다는 것은 귀신의 말이지요. 귀신의 행위를 따라하니까 전도가 안 되는 것입니다. 너희는 빛이요 소금이라(마5;13-16) 우리의 빛되고 소금처럼 변함없이 희생하고 사랑하며 세상을 변화시켜 나가야하는데 우리가 먼저 싸우고 우리가 먼저 흉보고 그러니까 우리가 진거지요. 귀신들의 행위를 따라해서... 이제는 바꿔서 이겨 승리하고 다시 전도하고 봉사하며 우리 아버지 예수님 성령님을 행복하게 해드려야 할 때입니다. 아버지가 기뻐하시는 금식을 하면 모두 됩니다. 그 결박자들이 풀어져 나가니까요. 병에서 삶에서 해방만 시켜주면 그들 모두가 예수 믿습니다.

예수님이 다시 오실 때가 되었다면 많이 찾으시겠어요? 적게 찾으시겠어요? 저 같으면 많이 데리고 가시는 것을 좋아하실 것 같은데 여러분은 어떠세요? 전도는 더욱 열심히 해야 하고 믿고 있는 우리는 금식을 시작해야 합니다.

하나님이 싫어하시는 금식(오락하고 일하는 금식, 사58:3)을 하게 되면 하나 얻고 건강을 잃습니다.

성령으로 채우지 아니하면 일곱 귀신이 더 들어간다고(마12:443-45) 성경이 증언하고 있습니다. 마음 성전을 빼앗겨서 더욱더 교만해지고 더욱 뻣뻣해지고 유덕함이 없어지기 때문에 형제도 가정도 필요 없이 무엇인가 고집대로 하고 있으면서도 잘하는 줄 알고 있는 것이 더욱 큰 귀신들이 내 마음 성전에 들어가서 생각도 마음도 잡았기 때문에 자신을 돌아볼 수 없습니다. 결국은 교만하면 낮아지리라는 말씀대로 사랑하신다면 다시 낮추셔서 물과 성령으로 거듭나게 하실겁니다.(요3:1-5)

자신을 볼 줄 아는 명철 속에 있어야 될 줄로 압니다. 금식이 보게 하십니다.

* 명철 : 나를 보는 것 (잠1:2, 4:7, 17:28, 28:11)

하나님 기뻐하시는 금식(2) (사58:6)

회개하고 용서하여 미움을 버리고 자신을 깊이 들여다보고 고쳐나가면(사58:9) 안 떨어져 나가는 귀신이 없고 안 고쳐지는 병이 없습니다. 그 중에 제일 고쳐내야 하는 것이 입입니다. 부정에 길들여진 우리의 입술을 긍정으로 바꾸기만 하면 우리의 몸이 삶이 살아납니다.

지금은 금식해야 할 시대, 금식은 예수님의 명령

마 4:1,2 "그때에 예수께서 성령에게 이끌리어 마귀에게 시험을 받으러 광야로 가사 사십일을 주리신지라"

금식이후 마귀의 시험을 이기신후 사역을 시작하셨지요. 우리도 마귀를 이겨보지 못하면 사역자체가 안 되는 것이지요.

그리고 저희에게 명령하셨습니다.

마 6:16-18 "금식할 때에 너희는 외식하는 자들과 같이 슬픈 기색을 내지 말라...."

금식할 때라는 말씀은 어떤 사람은 하고 하지 말라가 없이 명령입니다. "머리에 기름을 바르고 얼굴을 씻으라." 마6:17절 머릿속에 내 생각이 아닌 네 생각을 정리하고 내 얼굴에 무엇이 묻었는지 나를 보라는 것이지요. 내 얼굴 보는 것이 쉽지 않지요. 꿈. 환상으로 보게 하십니다. 어떤 사람이 할 것이라는 것은 옛사람 요엘 선지자를 통하여 2:15-17절에 요나 선지자를 통하여 3:4-10절에 나와 있으니 설명하지 않으신 것입니다.

심령이 가난한 자는 천국이 저희 것임이요(마5:3)

금식하면 배부르게 되고 금식하지 않으면 배고프게 됩니다.

심령이 가난하면 복이 있다 하신 예수님, 내가 스스로 배고픔으로 나의 죄를 자복하고 세상 것에 부요하게 만드는 귀신을 내 속에서 내보내고 겸비하면 내 삶은 부요해집니다.

그러나 금식하지 않으면 언제나 병의 고통 속에 불안 속에서 갇혀 살아야 하고 삶도 그 뒤를 따릅니다. 죄 값이기 때문에 그 값을 지불하는 금식 약 2-3년 정도하면 정립 됩니다. 병의 고통과 불안에서 해방 됩니다.

그러나 모두 그런 것은 아닙니다. 정도의 차이가 있어 아주 오래 걸리는 사람도 있습니다. 평생에 해결할 수 없는 가족의 구원 문제부터 건강과 삶까지 참으로 신기하게 성경적으로 해결 됩니다. 차례 차례....

사 58:6절, 흉악의 결박이 풀어지고

사 58:7절, 돈 주신다는 말씀입니다.

사 58:8절, 어떤 병이든 급속하게 치료해주신다는 것

사 58:9절, 기도하고 있는 것을 응답해주신다는 것

사 58:10절, 봉사한 것에 대한 열매를 맺어주신다는 것

사 58:11절, 뼈가 견고하게 됩니다. 류마치스 관절염, 근육통 성장통, 인대 떨어지려고 달랑거리는 것 등 수술하지 않아도 성경대로 치유

사 58:12절, 내 자여손들에게서 지도자가 배출 되고 금식 시작한 나는 파괴된 기초를 쌓고 무너진 데를 보수하고 길을 수축하여 부요의 삶을 가져 아버지 예수님 성령님을 자랑하는 평안과 자유의 삶이 주어지는 것이 이사야 58장의 약속의 말씀이었으며 저와 벧엘의 사랑하는 가족들이 임상실험자들입니다.

암으로 각종 병으로 수술하셨다면 그 뒤 금식으로 마무리 하시면 병도 재발되지 않고 삶으로 옮겨가지도 않습니다.

성경에 금식했던 이유들이 나와 있습니다.

1) 나라가 위기에 있을 때 했던 금식

왕하 8:37, 아삽의 아들 사관과 요아

왕하 19:1, 히스기야 왕

왕하 22:19, 훌다

에스라 9:3, 에스라

사 36:22, 힐기야의 아들 왕궁 맡은자, 엘리야김, 서기관 셉나, 아삽의 아들 사관 요아

사37:1, 히스기야 왕

렘41:5, 80명의 사람

민 14:6, 여호수아와 갈렙

삿20:26, 온 이스라엘 자손

대하 20:3, 여호사밧 왕

에스라 8:21, 아하와 강의 금식

느1:4, 느헤미야, 수일동안

느9:1, 느헤미야

에스라9:31, 에스라

렘36:6-9, 여호야김

단9:3, 다니엘

욘3:5, 왕으로부터 전 백성, 짐승까지

이렇게 많은 성경이 나라가 전쟁위기에 있거나 어려움이 있을 때 금식으로 나라를 구했듯이 우리 민족도 북한과의 문제는 전쟁 일어난다고 예언만 할 것이 아니라 금식을 해야 합니다. 나의 빚 문제도 여러 가지 어려운 문제들을 놓고 종도 백성도 함께 금식하여 평화통일을 이루고 빚 얻어 쓰는 나라와 백성에서 빚 주는 나라와 백성이 되는 것이 금식입니다.

2) 사명 때문에 금식한 예수님과 사람들

* 40일 금식한 사람

예수님 - 마4:4, 막1:13,

모세 - 출24:12, 18, 34:28, 신9:9, 11, 18, 10:10,

엘리야 - 왕상 19:8,

3) 그 외의 사명금식

수 7:6, 여호수아

행 14:14, 바나바, 바울

눅 2:37, 84세의 과부 안나

행 13:3, 금식 기도 후 안수

* 영육구원 : 삶도 영혼도 잘 되는 것을 말함

4) 자신의 죄와 어려움 때문에

삼하 13:9, 다말

왕상 21:27, 아합

삼상 7:6, 범죄한 백성

시 35:13, 69:10, 109:24, 다윗

"우리의 죄는 유다의 죄와 같이 금강석 끝 철필로 기록되되 그
들의 마음 판과 그들의 제단 뿔에 새겨졌거늘" (렘17:1)

마음에도 깊이(혼) 제단 뿔(생각)에도 깊이 새겨져 있어 한번 회
개하는 것으로 되는 것이 아니라 우리의 인격을 고쳐야만 끝이 난
다는 것을 '옛구습을 버리고 새사람을 입으라'에 자세히 기록했습
니다.

* 고쳐야 하는 기본언어 : 죽겠네, 미치겠네, 환장하겠네, 지랄하
네, 염병하네. 등 수많은 욕, 보는 대로 부정하는 입술을 긍정의 입

으로, 사 57:19, "입술의 열매를 맺는 나 여호와"

성실하게 하루를 일하고 이런 말을 해버리면 이와 똑 같은 씨가 뿌려져서 나쁜 일이 생기기 때문에 고쳐야 새 삶이 오는 것을 계시록 21:1절에서 새 하늘과 새 땅으로 묘사되고 있습니다. 내가 고쳐서 새 땅이 되면 새 하늘, 내가 이제까지 만나지 못한 하나님 예수님을 만나게 되고 성령님의 도움을 받게 된다는 말씀입니다.

5) 형제들의 슬픔
삼상 4:12, 베냐민 사람
창44:13, 요셉의 형제들
삼상 31: 13, 다윗
삼하1:12, 12:23, 다윗
대상 10:12, 용사들
단6:8, 다리오 왕

이렇게 많은 성경에 형제와 부모의 슬픔에도 금식했습니다. 우리도 이제 흉보고 꼬집어서 상처 내는 것 그만하고 그를 위해서 금식하면 내가 먼저 복 받고 그 형제의 영육구원이 이루어진답니다.

6) 주를 섬겨 금식
행 13:1-2, 안디옥 교회의 선지자들과 교사들, 곧 바나바와 니게르 시므온 구레네 사람 루기오와 분봉왕 헤롯의 젖동생 마나엔과 및 사울이라. 주를 섬겨 금식할 때에.....

　우리도 마땅히 주를 섬겨 금식해야 합니다.

7) 금식절기에

　행 27:9, 사도 바울

　슥 7:5, 70년 동안 다섯째 달, 일곱째 달 나를 위한 것이냐

　　8:18, 넷째 달, 다섯째 달 일곱째 달 금식이 변하여 유다족
속에게 기쁨과 즐거움과 희락의 절기들이 되리니

　꾸준하게 한 절기 금식이 이스라엘 백성들을 기쁨과 즐거움과
희락의 절기로 바꾸어 주셨듯이 다달이 하는 금식이 우리도 바꾸
어 주셨고 앞으로 더 나은 길로 이끄실 것을 확신합니다. 예전에
만나볼 수 없었던 단계가 높으신 하나님 예수님 성령님을 만나실
수도 있습니다.

8) 신랑을 빼앗겼을 때

　(성령이 아니 계실 때, 성령이 고갈(소멸) 되었을 때, 삶이 무너
졌을 때(돈, 건강 , 자식, 가정 문제 등 레26:14-)

　마 9:14,15, 바리새인과 금식논쟁

　막 2:18-20, 요한의 제자들과 바리새인

　눅 5:35, 그날에 이르러 신랑을 빼앗기리니 그날에 금식

요 3:1-5절의 말씀처럼 물과 성령으로 거듭나게 하며 고전 3:16,17절에서 거룩하지 못하여 멸 당한 몸과 삶을 원상회복할 뿐 아니라 더 좋고 나은 삶과 은혜를 허락하시며 건강은 예전보다 더 많이 멋지게 회복시키십니다.

9) 훈련의 때에

시 35:13, "나는 그들이 병들었을 때에 굵은 베옷을 입으며 금식하여 내 영혼을 괴롭게 하였더니 내 기도가 내 품으로 돌아 왔도다. 내가 나의 형제에게 행함같이 그들에게 행하였으며 내가 몸을 굽히고 슬퍼하기를 어머니를 곡함같이 하였도다."

시 69:10,11, "내가 곡하고 금식하였더니 그것이 도리어 나의 욕이 되었으며 내가 굵은 베로 내 옷을 삼았더니 내가 그들의 말거리가 되었나이다."

시 109:24, "금식하므로 내 무릎이 흔들리고 내 육체는 수척하오며"

13년이란 시간은 요셉과 같은 훈련기간입니다. 사람 하나를 가르쳐서 지도자로 세우는 기간이기도 합니다. 얼마나 많은 고통과 쫓김, 슬픔이 있었지만 시편 전체를 통하여 잘 나타나 있습니다. 훈련의 때의 금식은 다윗뿐만 아니라 저희도 여러분도 마찬가지입니다.

더럽고 추하고 돈 없고 왜 내 앞에서 그리도 잘난 사람은 많은지 왜 그리도 질책하고 책망하는 사람이 많은지요. 그러나 그 때를 지나 왕이 되었을 때에 자신의 죄 값으로 아들을 자신의 손으로 죽이는 무서운 일도 했지만 결국은 나라를 통일하고 자손대대로 복을 내려 "아브라함과 다윗의 자손 예수 그리스도의 세계라" (마1:1) 너무 멋있지 않나요?

예수님이 다윗의 뿌리에서 태어나셨다는 것이 여기 있는 저에게까지 멋진 할아버지가 되셨잖아요. 나를 세우고 나의 죄를 가장 빨리 씻을 수 있는 최고의 방법이며 성령의 놀라우신 역사를 다윗처럼 살아있는 오늘 보고 만지고 먹고 두들기며 재미있고 행복하게 살게 해주신답니다.

10) 듣지 않으시는 금식

렘 14:10 "여호와께서 이 백성에 대하여 이와 같이 말씀하시되 그들이 어그러진 길을 사랑하여 그들의 발을 멈추지 아니하므로 여호와께서 그들을 받지 아니하고 이제 그들의 죄를 기억하시고 그 죄를 벌하시리라 하시고"

렘 14:12 "그들이 금식할지라도 내가 그 부르짖음을 듣지 아니하겠고 번제와 소제를 드릴지라도 내가 그것을 받지 아니할 뿐 아니라 칼과 기근과 전염병으로 내가 그들을 멸하리라"

순종하지 않고 잘못된 길에서 돌아서지 않으면 금식이 소용없다는 말씀입니다.

11) 안하는 것만 못하는 금식

교회 일하면서, 돌아다니면서, 목사님 설교하면서, 오락하면서 (사 58:3)

차라리 안 해야지 교회와 가정에 일곱 귀신을 불러들여(마 12:43,45) 더욱 큰 화근을 가져오며 싸움을 일으키는 근원을 만들어냅니다.

12) 시험 당할 때의 금식

욥 1:20, 2:12

느닷없는 사탄의 시험에 금식으로 대처하고 입술로 범죄 하지 않으려고 애쓴 욥은 배나 받는 복으로 천국을 침노했습니다. 우리도 본받으면 욥과 같이 됩니다.

13) 정해놓고 했던 금식

눅 18:12, 바리새인의 이레의 두 번 금식

금식하고 형제를 무시하는 것은 안 되지만 유다 백성들은 결국 금식으로 거룩을 유지하여 지금도 예수님은 비록 모르지만 육신은 너무나 잘 되어서 부럽지 않으신가요.

부자와 나사로 때문에 걱정 하시나요. 나사로가 거지로 살아 자기만 구원했고요. 부자 나사로가 예수님을 믿었으면 어떻게 되었

겠어요. 얼마나 많은 영혼을 구원했겠어요. 금식해서 내가 그렇게
많은 영혼을 구원할 수 있는 부요까지 가지시면 어떻겠어요?

14) 위탁의 금식

행 14:23, 장로들을 모으고

목사님들도 장로님들도 너무 애쓰고 계시지만 처한 모든 상황
을 아버지께 맡기며 응답을 잘 받아서(꿈. 환상으로) 금식하시면
서 처리하시면 싸움 없이 잘 처리되어 아버지의 기쁨 되고 일은
알아서 다 해주십니다. 지혜도 지식도 이 땅의 금도 은도 다 예수
님의 것이니까요.(학2:8)

15) 재앙금식, 강제금식

왕상 21:9-27, 나봇을 죽일 때 이세벨이 쓴 금식

악인은 아무리 금식해도 악만 낳을 뿐이지요. 회개하고 용서하
고 모두 내 탓이라는 것을 깨닫고 내가 고치는 자, 명철 자가 복을
받겠지요. 나봇 죽인 이세벨과 아합 왕은 어떻게 되었는지 한날에
모든 재앙을 쏟아 부어 예후를 통하여 징벌 당했지요(왕하9:11)

나의 착한 행실 속에 그리스도께서 함께 하시며 나의 아름다
운 찬송과 감사 속에 궁정의 문이 열려 들어갈 수 있답니다.(시
100:4,5)

하나님께서 싫어하시는 우상숭배한 조상들의 죄 값과 성경적 근거

출 20:3-5, "그것들에게 절하지 말며 그것들을 섬기지 말라 나 네 하나님 여호와는 질투하는 하나님인즉 나를 미워하는자의 죄 를 갚되 아버지에게로부터 아들에게로 삼사대까지 이르게 하거 니와"

* 3-4대 : 창 15:13-16, 한 세대가 100년이라는 증거

겔 36:25, "맑은 물로 너희에게 뿌려서 너희로 정결하게 하되 곧 너희 모든 더러운 것에서와 모든 우상숭배에서 너희를 정결하게 할 것이며"

마 12:43-45, "더러운 귀신이 사람에게서 나갔을 때에 물 없는 곳으로 다니며 쉬기를 구하되 쉴 곳을 찾지 못하고 이에 이르되

내가 나온 내 집으로 돌아가리라 하고 와보니 그 집이 비고 청소되고 수리되었거늘 이에 가서 저보다 더 악한 귀신 일곱을 데리고 들어가서 거하니 그 사람의 나중 형편이 전보다 더욱 심하게 되느니라. 이 악한 세대가 또한 이렇게 되리라."

고전 5;10, "이 말은 세상의 음행하는 자들이나 탐하는 자들이나 속여 빼앗는 자들이나 우상 숭배하는 자들을 도무지 사귀지 말라 하는 것이 아니니 만일 그리하려면 너희가 세상 밖으로 나가야 할 것이라."

고전 6:9,10, "불의한 자가 하나님의 나라를 유업으로 받지 못할 줄을 알지 못하느냐 미혹을 받지 말라 음행하는 자나 우상 숭배하는 자나 간음하는 자나 탐색하는 자나 도적이나 탐욕을 부리는 자나 술 취한 자나"

고전 10:20, "이방인이 제사하는 것은 귀신에게 하는 것이요 하나님께 제사하는 것이 아니니 나는 너희가 귀신과 교제하는 자가 되기를 원하지 아니하노라."

갈 5:20, "우상숭배와 주술과 원수 맺는 것과 분쟁과 시기와 분냄과 당 짓는 것과 분열함과 이단과"

엡 5:5, "너희도 정녕 이것을 알거니와 음행하는 자나 더러운 자나 탐하는 자 곧 우상숭배자는 다 그리스도와 하나님의 나라에서 기업을 얻지 못하리라."

골 3:5, "그러므로 땅에 있는 지체를 죽이라. 곧 음란과 부정과 사욕과 악한 정욕과 탐심이니 탐심은 우상숭배니라."

벧전 4:3, "너희가 음란과 정욕과 술취함과 방탕과 향락과 무법한 우상숭배를 하여 이방인의 뜻을 따라 행한 것은 지나간 때로 족하도다."

계 21:8, "두려워하는 자들과 믿지 아니하는 자들과 흉악한 자들과 살인자들과 음행하는 자들과 점술가들과 우상숭배자들 거짓말하는 모든 자들은 불과 유황으로 타는 못에 던져지리니 이것이 둘째 사망"

계 22:15, "개들, 점술가들과 음행하는 자들과 살인자들과 우상숭배자들과 및 거짓말을 좋아하며 지어내는 자는 다 성 밖에 있으리라."

조상들과 우리의 우상숭배한 죄 값이 인격과 삶을 무너뜨리고 살아계신 하나님을 삶에서는 못 만나고 꿈에서만 만날 수 있는 것입니다.

　우리가 삶에서 만나지 못한 하나님 때문에 목사님들을 상대하는 다단계라는 사기꾼들이 생겨나고 전도의 방법을 통하여 성도들과 함께 연계하여 돈을 벌 수 있다고 꼬이면 넘어가서 망신을 당하면서 영혼들을 사냥하는 이리들의 손에서 놀아나며 그들은 성경을 펴놓고 설교하면서 다단계를 한다고 하니 살아계신 하나님은 뭘 하시길래 나를 도와주지 않느냐며 한탄하는 소리가 여기 저기서 들립니다.

　내가 거룩하질 못하기 때문에 거룩하신 하나님이 나를 도울 수 없어 삶이 멸 당한 것입니다. 고전3:16

살아계신 하나님은 금식을 통하여
내가 거룩하여 질 때에 만날 수 있답니다.

벧엘에서 하나님 기뻐하는 금식으로 회개하고 용서하였더니 귀신들이 떠나가서 치료받았던 병들,

＊ 미움귀신 : 최고의 살인마 귀신, 사람을 미워하게 하고 그 값으로 암과 각종 희귀한 병을 유발시키는 신출한 귀신 (마 5:21-26)

오래된 일들이라서 많이 잊었지만 생각나는 대로 적어 보려합니다.

＊ 97세 된 할머니의 중풍, 고치셔서 4년 건강하게 사시다 101세에 천국가심
＊ 간경화 걸린 남자 집사님, 병원에서 퇴원시켰으나 살아나셔서

지금도 살아계심.

남자 집사님의 간경화로 복수차서 병원에서 내놨는데 월 2회 2일씩 3일씩 금식하여 4개월 지나니 복수가 빠지고 건강해짐 그때 함께 같은 병을 앓았던 친형제는 죽었고 그의 윗대의 고모랑 아버지랑 모두 같은 병으로 돌아가셨다고 했는데 금식한 본인만 살아남, 원주에 살아있음

* 중학생으로 기억함, 우울증으로 일주일 금식하고 보식하고 건강해져서 내려감, 이후소식 좋아졌다고 함

* 췌장암으로 사형선고 받은 권사님 10일 금식 단번에 귀신이 나감, 뒷처리 잘못해서 약 10개월 뒤에 다시 발병 돌아가심

* 평창 권사님의 아들, 컴퓨터 오락에 아이가 붙듯이 하여 보름을 떨어지지 못하자 엄마가 오셔서 10일 금식 5일 만에 떨어져서 지금은 신앙생활 잘하고 있음

* 자식들의 가난의 고통 때문에 애태우시던 권사님, 다달이 금식 3일 약 2년으로 자식들의 가난문제 모두 해결, 지금은 그분이 연세가 많아 살아계시는 것을 확인할 수 없음

* 전신분열증, 못해보거나 보지 못해서 할 수 없는 일들, 약2-3년 금식으로 치료 받았지요.

정신병, 부모님과 함께 본인이 금식, 약 3년 이상 걸림, 험한 상황 모두 벗음

* 자녀들 결혼시키지 못한 부모들이 금식하면 자녀들이 2-3년 안에 모두 결혼, 여러분들의 예가 있답니다.

＊ 70세 이상 8-90이 넘어도 금식할 수 있으며 노인들이 금식하면
  건강하게 여생을 행복하게 살 수 있으며 병원에서 여생을 보내
  지 않고 걸어 다니며 자신의 일을 잘 보시다가 천국가실 수 있음
＊ 노인의 금식, 월 1일-2일 하실 수 있으며 믿음 따라 열흘도 할
  수 있음
＊ 위 자르신 분이 금식했는데 하루 7번씩 죽을 먹었다고 했는데
  한그릇씩 하루 세 번 먹었음
＊ 아기 못 낳는 분들이 3일씩 금식 한 두 번에 여러 사람이 낳았음
＊ 교회부흥 문제, 돈 문제, 싸움문제 꾸준히 매월하면 해결됩니
  다. 성도를 예수님이 직접 보내십니다.
＊ 군대귀신이 아들을 쫓아 다녀서 가는 곳마다 교통사고 깡패들과
  부대낌. 차들끼리 받아대던 것을 엄마의 열흘금식으로 해결함
그 외에 각종 암, 희귀병, 난치병, 피부병, 피부암, 어떤 병이든 다
해결됩니다.

＊ 아이들의 금식, 1-3일까지 가능함
＊ 아토피, 정신질환, 틱, 우울증, 피부병, 도벽, 때리는 것, 꼬집는
  것 등 각종질환이 어른보다 훨씬 빨리 낫습니다.
  부모님들의 금식이 함께 필요합니다.

2^부

금식의
놀라운 체험을
하신 분들의
간증

김형미 목사 (45세, 010-4111-7687)

"새 포도주는 헌 가죽부대에 놓는 자가 없나니 만일 그렇게 하면 새 포도주가 부대를 터뜨려 포도주와 부대를 버리게 되리라. 오직 새 포도주는 새 부대에 넣느니라 하시니라"(막2:22)

저는 강원도 평창에서 태어났고 우리 형제는 삼남매입니다. 오빠, 나, 그리고 남동생 시골에서 부유하게 자라지는 못했지만 첫돌이 되면서부터 엄마 등에 업혀서 시작한 신앙생활은 살면서 가장 큰 선물이자 내 삶에 로또와도 같은 것이라고 고백합니다.

친정엄마는 부산에 사시는 이모를 통해서 교회에 첫발을 내딛으셨답니다. 나의 첫 돌을 맞이하여 부산 이모가 친정집에 다니러

오셨는데 먼저 신앙생활을 시작하셔서 열심히 교회를 다니고 계시던 이모는 주일날이 되니까 친정엄마에게 교회를 가르쳐달라고 하셔서 첫 돌을 맞은 나를 업고 이모와 함께 교회에 스스로 가셨다고 하셨습니다.

지금까지 살면서 엄마의 신앙생활은 우리 삼남매에게 굉장히 큰 영향을 주셨답니다.

특히, 부족하지만 목사가 된 나에게 친정 엄마의 신앙생활은 본이 되셨고 늘 엄마처럼 신앙생활을 해야겠다는 다짐을 하게 되었습니다. 주의 종을 사랑으로 정성껏 섬기고 교회 일에 봉사와 헌신이 늘 자원하는 마음으로 열심히 하셨고 비가 오나 눈이 오나 새벽 예배를 다니시면서 기도생활을 하셨는데 발에 동상이 걸릴 정도로 열심히 기도생활을 하셨습니다.

우리 삼남매가 장성을 해서 결혼을 하게 되었습니다.

오빠의 배필로 아버지가 보내신 올케는 복둥이었습니다. 지금의 벧엘 금식기도원 원장님과 양평 금식기도원에서 만나 함께 살기도 했던 믿음이 좋은 사람이었답니다.

그 믿음 좋은 올케가 오빠와 결혼을 하고 시부모님과 함께 살면서 친정 엄마의 오래된 우울증을 알게 되었지요.

내가 고 2때 아들은 한명도 없고 딸만 넷인 외할머니를 우리 친정 부모님이 모시고 살게 되었습니다. 그런데 아버지의 잔소리와 외할머니의 잔소리 때문에 중간에서 스트레스를 받던 친정 엄마가 고통으로 인해 귀신이 들어가 우울증을 앓게 되었습니다.

그 우울증을 오빠를 결혼시키는 시점까지도 계속 약을 드리면서 앓고 계셨어요. 시집을 온 올케는 친정 엄마한테 끝없이 금식기도를 해보라고 귀에 딱지가 앉을 정도로 말하기 시작했습니다. 친정 엄마는 1년 동안 올케의 말을 듣고 드디어 금식을 생전 처음 하러 가시게 되었고 첫 번째 가신 금식기도원에서 10일을 하고 금식 보식을 하고 오셨지요.

그리고 그 후로 부터 매달 3일씩 규칙적으로 정해진 주에 금식을 3년 정도 꾸준히 다니셨고 금식을 하시는 동안 신기한 일이 일어났어요.

첫 번째 남동생이 직업상 현장으로 다니고 술을 매일 즐기다보니 거의 알코올 중독수준이었어요. 그리고 언어폭력을 해서 작은 올케가 나에게 전화해서 하소연을 하고 이혼하고 싶다고 말하곤 했는데 그러던 남동생이 친정엄마가 금식을 3년 정도 하시니까 술이 몸에서 받지 않는다고 술을 끊었습니다. 작은 올케가 친정 엄마한테 전화해서 "어머니가 기도해 주셔서 신랑이 술을 끊었어요, 감사합니다."라고 했다고 그러시더라고요.

하나님이 기뻐하시는 금식을 하니까 자녀의 삶을 잡고 괴롭히던 술귀신이 떨어졌습니다.(이사야 58:6, 내가 기뻐하는 금식은 흉악의 결박을 풀어주며 멍에에 줄을 끌러주며 압제 당하는 자를 자유하게하며 모든 멍에를 꺾는 것이 아니겠느냐)

외할아버지의 술 귀신이(출20:5, 3-4대에 내리는 저주) 흐르고 있었는데 그 저주가 끊어졌답니다.

그리고 두 번째는 가장 기본적인 것인데 친정 엄마는 일 년 열두 달을 감기에 걸려서 병원을 다니시고 약을 드십니다. 특히나 중이염으로 굉장히 고생을 많이 하셨는데 금식을 하시는 3년이라는 시간 동안은 감기를 앓은 적도 중이염으로 고생을 하시지도 않으셨어요. 그리고 환절기 때마다 어김없이 찾아오는 우울증이 오지 않았다는 것입니다.(사58:8) 할렐루야!

우리 하나님 아버지께서 하셨습니다. 20년을 앓아오던 우울증이 하나님이 기뻐하시는 금식을 통해서 치료 받았습니다. 친정엄마도 아버지도 무척 기뻐하셨습니다.

세 번째로 우리 삼남매는 모두 주의 종입니다.

아버지께서 일찍이 나의 입술을 통해서 서원하게 하셨고 지금까지의 삶을 아버지가 원하시는 대로 내 마음에 소원을 주시고 이끄셨습니다.

* 빌 2:13, "너희 안에서 행하시는 이는 하나님이시니 자기의 기쁘신 뜻을 위하여 너희에게 소원을 두고 행하게 하시나니"

주의 종으로 순종하는 길로 접어들기 전에는 나의 결혼생활은 정말 지옥과(마5:22, 29. 30등) 같았어요.

남편과 나는 열심히 벌어도 돈이 벌리는 것이 아니라 빚이 늘어 갔고 삶이 이러다보니 모든 것이 싫고 신앙생활은 그저 교회직원 이니까 의무감 때문에 억지로 하고 있었지요. 그러던 중 먼저 금식을 다녀오신 친정 엄마가 나에게 금식기도를 가자고 하셨어요.

그래서 6개월 동안 마음의 준비를 하면서 기도로 준비했고 두 아들을 데리고 2005년 7월 말경에 첫 금식을 가게 되었어요.

3일 금식을 어린 두 아이와 동일하게 하였어요(큰아들, 6살, 작은아들, 2살) 어린나이에 엄마의 의지에 의해 3일 금식하는 두 아이가 안쓰럽기도 했지만 무슨 마음인지 독하게 금식을 했습니다. 금식을 무사히 마치고 돌아온 후 시간만 나면 하루든 이틀이든 금식을 하러 벧엘을 찾았어요. 그리고 주위에 친한 사람들에게 금식을 전하면서 함께 가기도 했어요.

그러던 2006년 10월 달에 아버지가 나에게 꿈을 주셨는데 제가 어린이 집을 하게 되는데 반은 준비가 되었고, 반은 준비가 안 되었다는 내용의 꿈이었어요. 꿈만 가지고 열심히 기도하면서 어린이집을 하기 위해서 알아보고 다녔어요. 물론 나에게는 십만원도 없었어요.

아버지께서 꿈에 벧엘 원장님 동생이 나에게 100만원을 주면서 이사 가는데 쓰라고 하는 꿈을 꾸었는데 누군가가 나에게 이사를 가게 1.000만원을 준다는 뜻인데 그 사람이 누구일까 정말 믿기 힘든 아버지의 말씀이셨어요.

당시 저의 가정형편은 월세 20만원 짜리 아파트에 살고 있었는데, 집주인이 아파트를 판다고 이사를 가라고 하는 상황이었어요.

저는 이사를 꼭 가야하는 상황이고 돈은 없고, 아버지는 이사를 가서 어린이집을 한다고 꿈으로 말씀해 주시고 난감...

지금 생각해도 그때처럼 막막한 마음상태를 가져본 적이 없었답니다.

드디어 2006년 2월 16일 지금의 앙쥬 어린이 집을 하고 있는 아파트로 이사를 오게 되었어요. 물론 천만 원을 주신 분은 친정 아버지셨어요. 아버지께서 내 삶에서 부어주신 금식의 기적이었어요.(사58:9, 기도하는 것을 들어주마)

그리고 또 한 가지 꿈은 내가 어렸을 때 초등학교 동창친구들에게 포도주를 대접하는데 15000원짜리를 할까? 고민하다가 30000원짜리 세병을 사서 대접하는 꿈을 주셨습니다.

이 꿈의 해석은 내가 사는 형편이 좋아져서 친구들에게 싸구려가 아닌 좋은 포도주를 대접하게 된다는 꿈이었습니다. 단 삼십만 원씩 세 번을 아버지께 헌금을 드려야 한다고 했어요.

여윳돈이 하나도 없는 저에게 아버지는 가난의 저주를 끊고 고급스러운 삶을 살게 해줄테니 드리라는 것이었어요.

저는 죽을 것 같은 고민을 헌금 드릴 때마다 했어요. 그리고 세 번의 헌금이 드려졌을 때 아버지는 어린이집에 원아가 가득 차게 해주셨고, 나의 지갑에서 현금이 떨어지지 않게 복을 주셨어요. 그리고 삼남매 중 제가 첫 번째로 주의 종으로 세워졌는데 어머니의 간절한 기도의 열매이며 순종의 열매 금식의 놀라운 열매이었답니다. 순종할 수 없어 지옥 같은 삶 속에서 허덕이고 있었는데 금식을 하니까 순종을 할 수 있게 되고 원장님이 꿈 해석과 더불어 순종할 수 있도록 이끌어주는 작업을 하셨어요.

이제까지 살아온 방식대로 내 생각과 내 마음대로 살고자하면 아버지께서는 아무리 꿈을 통해 말씀을 하셔도 들으려고 하지 않고 순종하며 따라가지 않는다는 것입니다.

* 눅 11:28, "예수께서 이르시되 오히려 하나님의 말씀을 듣고 지키는 자가 복이 있느니라 하시니라."

우리가 어린아이처럼 생각을 단순하게 정리하고 아버지의 말씀에 귀를 기울여 그분을 경외하면 우리가 상상하지도 못하는 좋은 것으로 우리의 삶을 이끌어주십니다.

지금까지 신앙생활을 하면서 아버지와 대화방법도 모르고 답답하게 살아왔다면 벧엘에 오셔서 금식과 기도로(막9:29, 전수성경) 아버지의 말씀에 순종하고 귀기울여 보세요. 하늘나라의 크고 비밀한 것들과 하늘의 온갖 좋은 것을 우리에게 내려 주십니다. 화이팅! 사랑합니다.

* 지금은 유치원을 접고 아버지의 일에 전념하려고 합니다.

오수지 목사 (70세, 010-8253-5525)

37년 전 유방암 만성 통증이 시작되면서 양쪽 유방이 터져나갈 것 같은 아픔이 왔고 어린 아이들 앞에서 이를 악물고 고통을 견디며 "아버지 너무 아파요" 하고 있는데 조그만 기도원에서 신유 집회가(병고치는 은사를 가지신 분과의 예배) 있다고 은혜 받으러 오라고 해서 3일 금식을 작정하고 갔습니다.

이틀째 되는 날 완전히 나 죽는다고 얼마나 뒹굴었는지요. 그 기도원 원장님이 은혜 받으러 왔으면 밥을 먹고 힘을 내서 은혜 받고 집에 가서 금식하라고 했지만 나는 죽기로 작정을 하고 갔기 때문에 그런 말이 귀에 들리지 않고 무서운 암과 싸우고 있었습니다. 3일째 되는 날 성령님의 불이 임했습니다. 무서운 암은 성령 불에 태워져서 아주 까맣게 타서 자궁으로 쏟아졌습니다. 그 후로 지금까지 양쪽 유방은 건강하게 흔적만 남아 있고 유방은 그대로 있습니다.

건강한 채로 그러나 우리 가정의 삶은 계속 무너져가고 힘이 들어 삶의 고통 속에서 헤매었습니다. 그러다 남편이 위암으로 고통이 시작되어 돈이 없어 병원도 못가고 저처럼 믿음으로 낫기를 바랐지만 남편의 믿음은 계속 의심을 떨치지 못하고 암은 악화되고 손을 쓸 방법이 없어 포천 할렐루야 기도원에 가봤지만 남편 집사님은 점점 암 덩어리가 커져서 식도까지 막아버렸습니다. 암 귀신에게 눌려버리고, 그때 벧엘의 하나님을 알았더라면 벧엘에 금식을 알았더라면 사랑하는 남편 집사님도 살렸을텐데 말이에요. 끝내 아버지의 부름을 받아 천국으로 내 나이 40이 되었을 때 가시고 말았답니다.

저주에 매어(막11:21) 홀로 남은 저는 어린 사남매 자녀들과 어떻게 살아야 되는지도 막막하기만 했습니다. 아무 생각도 할 수 없게 성령님께서 잡고 계셨는지 한 번도 돈을 벌어 자녀들하고 살아야지라는 생각자체를 할 수 없었고 순종하여 주의 길을 가야한다고 선지자들을 통하여 말씀을 하셨지만 무슨 배짱인지 교만이 하늘을 찌르며 내가 무슨 신학을 가느냐고 내 생각과 내 뜻대로 살아 왔습니다.

그러자 저는 또 다시 급성 심장과 늑막염을 앓아 머리에서 발끝까지 붓고 복수가 차 누울 수도 먹을 수도 없게 되어 눈에는 황달이 와서 노랗게 되었답니다.(레26:14-)

목사님이 심방 오셔서 병원을 가봤느냐고 하셔서 "그냥 아버지 앞에 기도해 주세요." 하니 목사님께서 조심스럽게 병명이 무엇인지 알아 본 다음에 기도해서 하나님께 더 큰 영광을 돌려드려야 되지 않겠느냐고 하셔서 병원에 가서 검사를 하니 급성 심장과 급성 늑막염이라고 입원수속을 빨리하라고 했으나 저는 빨리 기도원으로 기도하러 가야해서 못 간다고 하니 별놈의 환자 다 봤다고 약이나 받아가라고 해서 하루분만 받아가지고 한 봉 먹고 남은 약은 휴지통에 넣고 아버지 감사합니다. 하고 할렐루야 기도원으로 갔더니 그곳에서 삼일동안 부기와 복수를 소변으로 다 빼내 주시고 건강을 회복시켜 주셨습니다.

그리고 교회생활을 열심히 하면 되는 줄 알았는데 제 인생은 여전히 변함은 없고 고달픈 삶은 계속 되었지만 최선을 다하면서 아버지 앞에서 잘산다고 생각했습니다.

그런데 제 몸은 다시 기계에다 짜놓은 듯, 한 주먹의 흙덩이 같이 되어 오른쪽 어깨는 심한 통증이 오기 시작했습니다. 병원 가서 검사한 결과 연골이 다 달아서 없고 인대가 없어져서 완전 끊어지기 직전이라는 거예요. 울산 동광병원에서 얼른 수술하지 않으면 안 된다고 하니 조금 생각 할 기회를 달라하니 시간을 지체하면 할수록 인대가 위험하다고 합니다. 저는 일 년을 그냥 지냈습니다. 그런데 어깨는 갈수록 더 아팠습니다. 더 이상 아버지 앞에 불순종할 수 없어서 울산 아가페 신학 연구원을 다니며 신학을 할 수 있도록 해주셔서 일 년을 공부했습니다.

박 목사님을 통해 벧엘에 부르시고 금식을 하게 하시는데 금식을 할 때마다 어깨가 치료되면서 어깨 뿐 아니라 온몸도 건강해지고(사58:8) 꿈과 환상으로 한 달에 한 번씩 금식하라 하시고(행2:17) 금식을 할 때마다 회개하고 용서한 만큼 저주가(엡2:2, 조상들의 우상숭배한 죄 값과 불순종을 치리한 귀신) 빠져나가고 그만큼 건강이 회복되는 놀라운 일이 생깁니다.

벧엘에 하나님 예수님 성령님은 살아계셔서 역사하십니다. 남편이 위암으로 천국으로 부름 받은 다음에 무서운 일은 계속되고 그 형제들이 다 암으로 세상을 떠나는 일들이 일어나고 있었습니다.(출20:5, 조상들의 우상숭배한 죄 값의 3-4대 저주)

(저주 : 주가 내리는 밑으로 가는 것 밑, 지옥)

우리 살아계신 하나님께서 저를 부르시고 엄청난 축복을 주시려고 '너는 사명자 나의 종이다.'순종하라고 부르셨건만 저는 아니라고 도망만 다녔습니다. 죄인을 붙잡아 금식을 할 수 있는 힘을 주시고 우상숭배한 저주, 가난의 저주를 끊어주시며(레26:3-13) 제 삶을 바꾸어 주시고 68세에 전도사로 세워주시더니 70이 되어 3월 2일에 목사 안수를 받았습니다. 여러분도 금식으로 벧엘의 아버지 예수님 성령님을 만나보시겠어요. 꼭 한번 와보세요. 저는 제 삶이 바뀌면서 너무 행복하답니다. 순종과 금식이 저를 살리고 저의 자녀들을 살리는 것이지요. 우리 막내딸도 두 아이들을 데리고 금식을 다달이 합니다. 아주 행복합니다. 모든 영광 아버지께 돌려드립니다.

저자의 소견 : 기도하고 금식하고 고치기만 하고 순종하지 못하셔서 몸으로 삶으로 자식문제로 가정문제로 돌아다니며 평생 쫓겨 다니듯 하셨으나 금식으로 우상숭배의 빚을 갚아가시면서 자신의 몸 뿐 아니라 자녀들 삶도 안정되고 평안으로 이끄시는 것을 보면서 순종과 하나님 기뻐하는 금식은 내 몸도 자녀도 가정도 돈도 형통하게 하고 계심에(사58:6-12) 하나님께 감사와 영광을 돌려드립니다.

안보현 목사 (55세, 010-7161-5969)

하나님께서 교회개척을 약속하신 후 7년차 주의 종 훈련을 받고 있는 훈련 종으로 하나님의 사람입니다.

저는 7년 전만해도 자살을 결심하고 저수지를 배회 한 적이 있습니다. 이유는 먹는 것이 너무 고통스러웠기 때문입니다. 곶감이 얼마나 맛이 있으면 호랑이가 산에서 내려왔다고 해도 울던 아이가 곶감 줄게 하면 울음을 그쳤다고 했겠습니까? 그런데 저는 팔순의 늙으신 어머니께서 아들 사랑하는 마음에 동네에 마실 가셨다가 어머니 친구 분 며느리가 어머니 드시라고 주신 몇 개의 곶감을 어머니 당신이 드시지 않으시고 종이에 고이 싸서 집으로 가져오셔서 저에게 먹으라고 주셨는데 그 곶감 한 개를 먹고 다 토해 버렸습니다. 그러니 밥인들 제대로 먹을 수 있었겠습니까?

위내시경 검사를 받았는데 위궤양 말기로 위암으로 전위되기 직전이라고 의사 선생님은 말씀하셨습니다. 내시경으로 위를 보니 눈으로 보기에 끔찍할 만큼 백태가 뒤덮여 있었습니다. 그러나 병원 치료를 받을 수가 없었습니다. 약을 먹으면 토하고 현기증이 심하게 생겨 너무 고통스러워 방바닥에 뒹굴었습니다. 그러니 약은 도저히 먹을 수 없는 상황이었습니다. 직장의료병원에서 검사를 받았는데 병원에서 직장으로 저의 건강 상태를 통보했습니다. 저의 건강 상태를 알게 된 직장에서는 일하다 죽을 수 있다며 계속적으로 퇴사를 권유했습니다. 할 수 없이 퇴사한 후 집에서 하는 일 없이 쉬고 있으니 더 고통스러웠습니다. 저는 하나님을 붙잡을 수밖에 없었습니다. 하나님께는 죄송하지만 급해야 하나님을 찾게 되더라고요.

내가 죽겠으니 며칠 밤낮을 울부짖으며 하나님께 매달렸습니다. 그러자 하나님께서 기적의 성령충만의 책을 보게 하셨고 꿈과 환상을 통하여 주소를 가르쳐주셔서 이곳 벧엘로 인도해 주셨습니다.(첫번째 책에는 주소가 없었음) 이곳 벧엘에 와서 곧바로 21일 금식을 하게 되었습니다.

그리고 21일 보식까지 마치고는 벧엘 식구들이 일하고 있는 일터현장에 나가 거름 더미를 옮기는데 거름에 역한 냄새를 맡아도 전혀 구역질이 나질 않았습니다. 그 순간 "아! 내 위장이 다 나았구나!" 깨달을 수 있었습니다. 마음속에 기쁨이 넘쳐흘렀습니다.

어느덧 이곳 벧엘에서 7년차 훈련을 받고 있는 지금의 저는 밥을 세 공기를 거뜬히 먹을 수 있습니다. 주변 사람들이 그렇게 많이 먹고도 살이 찌지 않으니 참 부럽다고들 합니다. 그런데 지금의 저는 이곳에 처음 올 때에 비하면 십킬로는 더 살이 쪘습니다. 7년 전만해도 밥 대신 알약 캡슐로 세끼 밥을 대신할 수 없냐며 그런 캡슐 알약 하나 개발하지 못했다고 세상을 원망했던 저였습니다. 그러나 지금의 저는 밥을 꿀처럼 달게 먹습니다. 무엇이든 없는 것 빼고는 다 먹는답니다.

그리고 지금은 자신을 스스로 황우장사라고 아주 가끔은 자랑도 한답니다. 지금의 저를 이렇게 황우장사라고 까지 자랑할 수 있게 치료하시고 나와 함께 동행 하시는 살아계신 하나님께 영광 돌리며 금식을 통해서 살아 역사하시는 하나님을 만날 수 있다는 것을 알게 되었습니다. 내 삶에 살아계시는 하나님을 여러분도 만나보세요. 못하시는 일이 없으십니다.

배민경 목사 (별빛교회 사모목사 53세, 032-761-4969)

금식을 통해 만난 여호와 라파 하나님

출애굽기 15:26, "이르시되 너희가 너희 하나님 나 여호와의 말을 들어 순종하고 내가 보기에 의를 행하며 내 계명에 귀를 기울이며 내 모든 규례를 지키면 내가 애굽 사람에게 내린 모든 질병 중 하나도 너희에게 내리지 아니하리니 나는 너희를 치료하는 여호와임이라"

2015년 1월을 맞으면서 벧엘에서 매월 금식하며 지나온 지 벌써 만 9년째 접어든다. 10년이면 강산도 변한다고 하지 않았던가? 근 10년의 세월을 꾸준히 하나님이 기뻐하시는 금식을 하게 하신 살아계신 하나님께 감사를 드린다.

지나간 세월을 되돌아보니 이사야 58장 6절의 말씀대로 하나님이 기뻐하시는 금식을 통해 우리의 삶에 쳐져 있던 많은 흉악의 결박을 풀어주셔서 건강을 회복하게 해주신 치료의 하나님을 증거 하고자 한다.

처음 금식을 시작할 때만해도 내 건강 상태는 엉망이었다.

사모임에도 불구하고 하나님과 꿈과 환상으로 대화하는 방법을 몰라서 하나님의 뜻을 분별하지 못한 채 목사로서의 사명을 감당하지 못하고 내 뜻을 하나님의 뜻인 양 거역하고 불순종한(롬 1:30) 것이 너무나 많았던 까닭과 조상들의 우상숭배한 죄와 그들의 인격을 따라한 나의 죄 때문에 불러들인 귀신들이 내 몸을 놀이터 삼고 있었던 것이다. 일단은 전반적으로 체력이 약해져서 조금만 힘든 일을 해도 피곤을 쉬 느끼곤 했다. 당시 40중반의 나이였으나 60대 노인의 맥이 잡히는 정도였으니 짐작이 될 것이다.

게다가 고질병인 알레르기성 비염에 시달렸고 좌골신경통이 있어서 허리와 다리가 아프기 일쑤였으며 약간의 신경쇠약 증세까지 보였다. 더더구나 나를 제일 힘들게 한 것은 30대 후반부터 나기 시작하여 갈수록 심해 가는 여드름이었다.

성장기 청소년 시절에도 나지 않았던 여드름이 중년에 들어서 더욱 심해져가니 점점 고민이 깊어져갈 따름이었다. 하나 한약을 먹어 본다 침을 맞아본다 좋다는 비누에 좋다는 화장품에 방법을 찾아봤지만 그때뿐 끊임없이 돋아나는 여드름을 어떻게 할 방법이 없었다. 그런 중에도 하나님께서 나의 연약함을 붙잡아 주시려고 그랬는지 금식을 처음 시작할 때부터 내 몸을 치료해 주심을 체험하게 하셨다. 처음에는 눈 다래끼를 치료해 주시더니 다음 금식 땐 극심한 인후통을 치료해주셨다.

그리고 다음엔 금식을 앞둔 전날 극심한 복통이 찾아왔는데 병원에 가지 않고 예정된 대로 금식에 들어갔더니 3일 동안 씻은 듯이 깨끗하게 치료해 주시는 것이 아닌가? 할렐루야!

말씀대로 급속한 치료를 해주신 것이다.(사58:8)

차츰 금식에 대한 믿음이 생기면서 처음으로 10일 금식에 들어가게 되었다. 금식 중 하나님께서는 내게 여드름이 치료되는 것을 꿈으로 보여 주셨는데 정말로 그토록 신경 쓰이던 여드름이 쏙 들어가 버린 것이다. 신기하고도 놀라왔다. 감사한 것은 그 뒤로는 여드름이 다시 올라오지 않았다는 사실이다.

이 일로 꿈에 보여주신(행2:17-21) 것은 반드시 이루어 주신다는 믿음도 생겼다.

이렇게 한 달 두 달 그리고 일 년 이년이 지났을까? 다달이 3일씩 금식이 진행되는 동안 나도 모르는 사이에 알레르기성 비염이 없어졌다. 환절기 마다 또 새벽기도 시간마다 재채기와 콧물로 나를 괴롭히던 비염이 점차 자취를 감추고 말았다.

그동안 코가 막히거나 가래가 끓거나 해서 찬양할 때마다 기도 제목이 되곤 했는데 이젠 맑은 소리로 찬양할 수 있게 된 것이 얼마나 감사한지 모른다.

그리고 해가 거듭하면서 좌골신경통도 깨끗하게 치료해 주셨다. 무거운 물건을 들지 못해서 일명 공주병에 시달렸으나 하나님이 이것도 치료해 주셔서 이제는 혼자서도 주일 날 함께 나누는 식사를 준비할 정도로 나의 체력을 회복시켜 주셨다. 무엇보다 감사한 것은 신경쇠약증을 치료해 주신 것이다. 예민한 귀신이 나를 잡고 있어서 잠을 자도 잔 것 같지 않고 항상 피곤을 느끼며 환경이나 사람에게 지나칠 정도로 예민해 있던 나를 자유하게 풀어주신 것이다. 덕분에 나는 마음이 여유로워지고 행복해졌다. 웃음을 찾게 된 것이다. 따라서 내 주변 사람들도 덩달아 행복해졌다.

금식의 열매를 얘기하자면 우리 두 아들의 이야기를 빼놓을 수 없다. 우리 두 아들은 금식으로 다시 찾게 된 아들들이다.

큰 아들은 육신의 생명을 잃어버릴 뻔했는데 찾게 된 아들이며 둘째 아들은 영적으로 그 생명을 잃어버릴 뻔했는데 찾게 되었다. 큰 아이가 중 3, 작은 아이가 초등학교 5학년 때부터 우리 부부과 함께 방학 때마다 3일 금식을 하게 되었다.

큰 아들은 내색하지는 않았지만 어려서부터 교회에서 목사의 아들이라는 신분 때문에 받는 스트레스가 적지 않았던 것 같다. 그리고 혹시 아빠의 목회에 누가 될까봐 오직 공부만 하게하고 노심초사 아이를 통제하면서 일일이 간섭한 나의 잘못된 교육으로 인해 아이의 마음에 고통이 들어가서 자라고 있었다. 그러다가 급기야 고 3 졸업을 앞두고 가슴을 쓸어내리는 사건이 일어나고 말았다. 아이가 축구를 하다가 갑자기 쓰러져서 숨을 쉬지 못하는 위급한 상황이 벌어진 것이다. 다행이 곧 수습이 되어서 병원에 가서 검진을 받았는데 특별한 이상이 발견되지 않았다. 그래도 안심이 안 되어 한의사이신 장로님께 맥을 짚어보니 그분이 하시는 말씀이 "이 병은 건강 검진 상으로는 나타나지 않으나 아이의 심장이 압박을 당하기 때문에 축구나 등산 같은 격렬한 운동을 하다가 돌연사 할 수 있는 아주 위험한 질병"이라는 것이었다. 아직 군대도 다녀오지 않은 한창 나이의 아들인데 참 큰일 날 뻔했구나 싶으면서 적당한 때 질병을 발견하게 해 주신 하나님께 감사를 드렸다.

아이의 마음에 고통이 들어가 자라면서 아이의 심장을 압박하게 된 것이니 그 고통을 준 원인자인 부모가 아이에게 또 하나님께 회개하는 것이 아이가 살 길이었다.

그래서 우리 부부는 금식하며 하나님께 회개하고 아들 앞에서 무릎 꿇고 용서를 빌었다. 아이가 당황하며 그러지 마시라고 했지만 아들에게 용서를 한다고 말해 달라 입으로 시인해야 구원을 얻는다고(롬10:10) 말하자 마지못해 아들이 용서한다고 말했는데 정말 신기한 일이 일어났다. 아들이 곧 헛구역질을 하더니 아들을 잡고 있던 고통의 귀신이 풀어져 나가는 것을 보게 된 것이다.

그 일이 있은 후 아들은 계속된 금식을 통해 심장이 완전히 치료가 되어서 건강한 몸으로 대학생활을 하다가 군대에 가서 잘 복무하고 돌아와서 다시 벧엘과 교회를 오고가며 훈련하고 있으며 멋진 목사로 하나님께서 훈련시켜 주시고 세워주실 줄 믿는다.

둘째 아들은 어려서부터 형에 대한 질투심이 강하게 자리 잡아서 자신과 형을 괴롭히고 있었는데 금식할 때 하나님이 아들에게 다윗을 시기한 사울 귀신이 있음을 보여 주시고 회개케 하시자 마음의 평안을 찾게 되었다.

또 금식을 통해 편식을 고쳐주셔서 성장기에 키가 자랄 수 있는 은혜를 내려 주셨다. 무엇보다 감사한 것은 질풍노도와 같은 사춘기 시절 친구를 유난히 좋아하는 아들이었건만 세상으로 나가지 않고 세상에 물들지 않도록 금식으로 씻어주셔서 종의 길을 가게 인도하신 것이다.

처음 금식이 시작될 때 "이 아들은 내가 잃어버렸다가 다시 찾았다" 말씀해 주셨는데 말씀하신 대로 다시 찾게 하신 하나님께 감사를 드린다. 지금은 신학대학에 입학하여 목사의 길을 가려고 준비하고 있다. 이렇게 두 아들을 영육 간에 치료해 주셔서 바른 길 가게 인도해 주신 살아계신 하나님이 계셔서 난 참 행복하다.

이렇게 조상들의 우상숭배한 죄 값은 나도 모르는 사이에 자녀들까지 내려가 3-4대의 저주를 준비하고 있었으나(출20:5) 하나님 기뻐하는 금식 뿐(사 58:6) 아니라 우리의 인격을 고치고 아이들 교육방법도 성경으로 꿈으로 새롭게 배워 삶에 적용하여 아이들도 가르치고 나도 배워 새롭게 되니(신6:2,7, 11:19, 31:13, 32:46) 나에게 내려오던 저주가 멈추어 모든 병에서 해방되었고 자녀에게 내려가던 저주도 멈추어서 모두 행복하게 된 것이다.

이제는 나를 만나는 사람들이 내가 행복해 보인다고 말한다.

나와 내 주변 식구들이 행복해진 것, 이것이 진정한 금식의 열매가 아닌가? 하나님이 기뻐하시는 금식(사58:6, 회개와 용서)을 통해 내 몸과 환경을 결박하고 있던 흉악의 결박자들 즉 조상들의 우상숭배한 죄 값으로 보내어진 사자(마25:41, 사탄도 사자로, 마 1:20, 천사도 사자로 표현되어 있어 이 두 사자는 모두 하나님의 심부름꾼인 것을 증거한다) 사탄, 마귀, 귀신이 떠나가고 그 자리에 성령님을 온전히 모시게 되니 인생의 하룻길이 얼마나 행복하게 되었는지!

나와 우리 가정 그리고 우리 교회에 주신 금식의 열매는 참 풍성하다. 그때그때 내려주신 치료의 은혜와 사랑을 어찌 이루다 열거할 수 있으랴마는 그 중 몇 가지 중요한 사건을 소개해 보겠다.

우리가 금식을 할 때 하나님께서 함께 붙여 주신 소중한 분이 계시다. 바로 육신의 부모님이다. 그 당시 친정 어머니께서는 70대 중반의 나이로 류마티스 관절염으로 고생하고 계셨다.

근 10년간 병원 치료를 받아오고 계셨지만 치료는 기대할 수 없고 더 이상 병이 진행되지 않기를 바라면서 고통 속에 있을 때 금식을 접하게 되셨다. 부모님께서 믿음을 가지고서 매월 3일씩 우리 내외와 함께 금식을 시작하셨는데 2년 6개월째 되던 날 하나님께서 꿈을 하나 주셨다. 어머니의 다리를 물고 있던 큰 개가 떠나가는 꿈을 주신 것이다.

여기에서 큰 개는 류마티스 병을 준 귀신을 뜻하는데 이 꿈을 꾸시고 집으로 내려 가셔서 병원에 정기 검진을 가보니 놀랍게도 류마티스가 완치되었다는 판정을 받은 것이다. 이 사실을 전해준 담당 의사선생님도 믿을 수 없다는 듯이 놀라운 일이라고 말씀하셨단다. 이 사건으로 병원 전체가 떠들썩했다는 후문이다. 또 어머니는 오랜 투약으로 위염이 생기고 위장이 몹시 약해져 있었는데 그때마다 금식으로 위장을 치료해 주심을 체험하시곤 했다.

그리고 우리교회 87세 된 할아버지 권사님이 계셨는데 그분은 30년 전 후두암을 앓았다가 회복되신 분이셨다. 그 당시 수술 후 회복 불능의 상태였으나 하나님께서 꿈에 찾아오셔서 뜨거운 불로 상처를 지져 주셔서 깨끗하게 치료해 주신 경험이 있었다.

그런데 어느 날 그 권사님이 우리 목사님과 금식을 다녀오셨다. 워낙 고령이시라 권면하지도 않았는데 스스로 하시겠다고 하셔서 3일 금식을 두 번 다녀오셨다. 다녀오신 후 목사님을 찾아오셔서 하시는 말씀이 실은 위에 암이 생겼는데 금식을 다녀온 후에 소화가 잘되는 것 같아서 병원에 가서 검진을 해보니 그 많던 암세포가 감쪽같이 사라졌다는 말씀이었다.(사58:8) 할렐루야!

또 한 번은 우리 교회 75세 된 할머니 권사님이 계시는데 고관절 수술을 받게 되었다. 젊은 시절 하도 험한 일을 많이 하신 탓인지 고관절이 닳아서 간당간당하여 끊어지기 일보 직전이라 수술을 하셔야 한다는 의사의 판단이었다. 사진 상으로 봐도 그대로 두면 뼈가 무너져 내리게 생긴 형편이었다. 수술하지 않으면 몇 달 뒤에는 자리보전하고 누워 계셔야 한다는 절망적인 검사 결과였다. 할 수 없이 모든 수술 준비를 하던 중 수술 하루 전날 하나님께서 꿈을 주셨는데 금식으로 치료하시겠다고 말씀하시더니 갑자기 권사님의 간에 이상이 생겨서 마취가 불가능하여 수술을 할 수 없게 되는 상황에 이르렀다. 이에 하나님의 뜻으로 알고 순종하셔서 매월 금식을 하기 시작하셨는데 그 후로도 5년 동안 비록 지팡이를 의지하여 걷긴 하셨지만 건강하게 사시다가 얼마 전 하늘나라에 입성하셨다.

여호와 라파의 하나님은 못 고칠 질병이 없으시다. 하나님께는 감기도 암도 똑같다. 우리가 조상의 우상숭배의 죄와 내 자범 죄를 금식하며 회개하여 성경에 위배된 나의 잘못된 행위를 고치고 순종하기만 하면 하나님은 모든 질병을 약속하신대로 고쳐주신다.(출15:26, 사58:6)

우리 민족의 교회와 성도가 금식을 통한 하나님의 은혜와 능력을 삶 속에서 체험하여 오늘 하루 인생길을 행복하게 승리하며 저 천국에 이르기까지 이 땅에서도 천국의 삶을 살게 되기를 간절히 소원한다.

최미화 목사 (56세. 010-9677-5725)

제가 벧엘 금식기도원을 알게 된 것은 2007년 3월이었습니다. 2007년 전 제 삶은 몸과 마음이 너무나 아프고 힘들어서 삶을 포기하고 싶을 정도로 하루하루가 지옥의 삶을 살고 있었습니다. 내 입에서는 죽고 싶다 이렇게 살아서 뭐하나 너무 힘들다 내 몸은 머리부터 발끝까지 성한 곳이 없었습니다.

저는 날마다 맥반석 불가마를 다니고 있었고 병원 진찰결과는 부정맥이 있는 것 같고 무릎 관절은 심하게 망가져 있었습니다. 한의원에서는 이 몸 가지고 어떻게 살고 있느냐고 하셨고 맥이 어린아이 맥이라고 하였습니다.

제가 가장 통증으로 힘들었던 것들은 부정맥, 위장병, 장염, 무릎, 허리 등어리, 깜박깜박 잊어버리는 것, 치매증상, 고정자세 10

분을 서 있지 못했습니다.

2007년 4월 첫째 주에 벧엘 금식기도원 가서 일주일 금식 작정을 하고 첫날 금식하고 있는데 꿈에 방에 흰옷을 입은 여자 간호사님께서 주사기와 연고를 들고 와서 왼쪽 가슴에 연고를 발라 주었습니다.

부정맥이 있는 왼쪽 가슴에 금식 중에 심한 통증을 호소했는데 위장, 장염까지 깨끗하게 치료를 받았습니다.

그때부터 한 달에 한 번씩 금식을 꾸준히 하였더니 어느 날 모든 병이 어디로 다 사라지고 건강한 모습으로 살고 있습니다. 금식에 놀라운 비밀이 있다는 것입니다.

저희 큰 딸도 공항증, 잠 못자는 것, 담배, 이틀 금식 이틀 보호식하고 다 치료받고 지금은 결혼하여 좋은 신랑 만나 외국에서 첫 딸 낳고 잘 살고 있습니다. 저희 부부도 갈등으로 살 수 없는 가운데 회복되어서 새로운 삶을 살고 있으며 오늘의 하룻길이 행복하고 감사가 넘치고 있답니다.

불순종한 삶을 버리고 목사가 되었고요. 조상들의 우상숭배와 나의 죄를 금식으로 갚으면서 모든 것이 회복되었답니다.

할렐루야! 하나님 아버지, 예수님 성령님께서 하셨습니다.

유양례 목사 (69세. 010-3217-6917)

제가 처음 벧엘에 왔을 때는 몸도 마음도 만신창이가 되어 왔다. 그때 여기 사는 사람들을 볼 때 많은 사람들이 싱글벙글하며 웃고 산다. 내가 볼 때 웃고 살 조건이 아니다. 이해를 못했다. 그런데 지금 내가 싱글벙글 웃고 산다.

그 이유는 금식을 한 달에 한 번씩 하다 보니 내 병이 하나하나 치료가 되었다.

고통 받으며 살던 나의 두 무릎관절로 아파서 쪼그리고 앉지도 못하고 오그릴 수도 없어 두 다리를 뻣고 살았다. 이제는 모두 다 나아서 마음대로 활동하며 산다.

두 팔이 아파서 무엇을 잡을 수가 없었다. 잡으면 놓치고 만다. 이제는 무엇이든 다 잡고 들고 마음대로 움직일 수 있다.

또 머리가 아파서 진통제를 두 시간마다 한 번씩 먹었다. 이제는 하나도 안 먹는다.

또 나는 선천적 기형으로 태어나 신장수술도 할 수 없고 약도 없고 시한부 인생을 살았다. 조금만 힘든 일을 하면 두 다리가 구겨져서 고통을 받았다. 이병은 약이 필요가 없다고 해도 약을 많이 먹었다. 그러면서 울기도 많이 하고 돈도 많이 들였다. 남들은 나보고 행복한 사람이라고 했다. 그런데 나는 행복하지 않았고 많이 많이 울었다. 이것이 지옥이 아니면 천국이란 말인가? 한 달에 3일씩 금식하다 보니 그 많은 질병이 다 치료가 되었다. 이제는 두 무릎이 나았고 또 팔도 나았고 머리가 나았고 신장은 100%는 치료가 안 됐지만 80%는 치료가 됐다. 그 이유는 금식이다.

여기 벧엘의 금식은 다른 곳의 금식하고는 다르다. 무엇이 다른가? 하나님이 기뻐하시는 금식을 한다고 하면서 금식할 때에 온갖 일을 다 하면서 했다. 또 성령이 충만하면 온갖 일을 해도 힘이 안 든다고 했다. 그런데 벧엘 금식기도원에서는 이사야서 58장 6절 말씀을 잘 지키고 있다. "하나님이 기뻐하시는 금식은 흉악의 결박을 풀어내며 멍에의 줄을 끌러주며 압제당하는 자를 자유하게 하며 모든 멍에를 꺾는 것이 아니겠느냐"

하나님 기뻐하는 금식은 일하지 않고 오락하지 않는 것이다.(사 58:3, 레16:29, 23:32)

제가 벧엘에 와서 금식을 처음 할 때 아픈 곳이 더 많이 아파 너무 놀라서 가려고 했다. 하나님이 치료하신다고 많이 아프면 많이 치료하고 적게 아프면 적게 치료한다고 했다. 지금 나는 참 감사하다. 금식할 때 또 아프면 아버지 감사합니다. 이렇게 좋은 금식을 모르고 많이 아프면 고통을 받는 사람들을 생각하며 내 마음이 많이 아프다.

벧엘 금식기도원에 와서 금식하고 나처럼 병에서 해방 받고 행복한 삶을 살기를 간절히 바란다.

또 하나의 기적, 나는 초등학교 문 앞에도 못 갔다. 내 평생 소원 아버지한테 감사 헌금 제목, 구구절절 써서 하는 것이다. 금식하다보니 아버지 하나님이 내게 지혜를 주셔서 이렇게 쓸수 있다는 것이 놀라운 사실이다.

40이 넘어 장가가지 못했던 아들도 풀려서 장가갔다. 교수 아내 얻어서 이 일은 그동안 헌신한다고 힘에 겹게 돈도 몸도 하나님 앞에 바쳤었다. 그런데 이렇게 몸도 마음도 삶도 엉망인데다가 아들까지 장가를 못가서 하나님은 섬기는데 왜 이렇게도 안 풀리고 어려움이 계속되는지를 몰랐다.

그런데 벧엘에 와서 금식을 배우며 익힌 것이 조상들의 우상숭배의 죄 때문이라고 했고 금식으로 하늘의 빚을(조상들의 우상숭배한 죄 값, 출20:5), 나의 자범죄의 값(레26:14-) 갚아주면 병도 낫고 아들도 장가간다고 했다.

그런데 약 2-3년 금식하고 났더니 정말로 아들이 교수 아내를 얻어 장가가게 해주셨다. 하나님께서 꿈에 많은 헌신을 해도 나의 조상들의 죄 값을 갚지 않으면 너를 위해 일해 줄 수 없고 그 죄 값을 끊어주면 내가 이렇게 일을 잘할 수 있다고 말씀해 주셨다. 그것이 성경이라는 것을 이미 배웠는데 꿈에 오셔서 말씀해주신 것이 성경말씀을 해주신 것이다.

이 민족의 삶의 아픔과 몸의 아픔 속에 고통 하는 많은 분들이 모두 나와 같이 금식하고 행복해지시기를 날마다 기도한다.

최해숙 목사 (58세. 010-8957-8018)

저는 첫아이를 낳은 지 4개월이 지나고부터 팔다리가 아프기 시작하더니 나중에는 온몸의 뼈 마디마디가 아프고 급기야는 머리도 못 빗고 옷도 제대로 못 입을 정도로 온 몸의 통증으로 고통을 받았습니다. 병명은 류마티스 관절염이었습니다.

나는 이 병으로 말미암아 좋다는 약이라는 약은 모두 구해 먹었지만 아무 소용이 없었습니다. 병원과 한의원을 드나들었고 온갖 입에 담기도 민망한 민간요법까지 안 해본 것이 없었던 것으로 기억합니다.

그러던 중 어느 집회에 참석하면서 벧엘 금식기도원을 알게 되었고 금식을 시작했습니다. 매달 정기적으로 금식을 하면 건강은 물론이고 조상으로부터 내려오는 각종 저주(건강, 물질, 자녀, 가정, 레26:14-)가 끊어진다는 소리를 들었습니다.

그리고 그 후로부터 매달 3일씩 금식을 시작했습니다. 금식을 하면서 박이스라엘 원장님을 통해서 전해지는 하나님 아버지의 말씀을 지키려고 애를 썼습니다.

이사야 58:6절 "하나님이 기뻐하시는 금식은 흉악의 결박을 풀어주며 멍에의 줄을 끌러주며 압제당하는 자를 자유하게 하며 모든 멍에를 꺾는 것이 아니겠느냐?"

그리고 일하지 않고 오락하지 않고 필히 회개와 용서가 있어야 된다는 것이다. 듣고 또 들어도 힘이 나는 소망의 메시지가 박이스라엘 원장님을 통해서 들려지는 하나님 아버지의 말씀이 꿀송이처럼 달게 느껴졌습니다. 그리고 매달 금식하는 주간을 사모하게 되었습니다.

그렇게 금식을 시작한 지 2년 가까이 되면서 20년 넘게 가장 심하게 아팠던 다리의 통증이 사라졌고 이후에 양쪽 팔꿈치의 팔목 통증이 차츰차츰 사라지기 시작 했습니다.

아직도 약간의 뿌리가 남아있지만 지금은 거의 정상적으로 생활하고 있습니다. 남아있는 뿌리마져도 머지않아 하나님께서 깨끗이 치료하시리라 믿습니다.

그리고 금식으로 하나님께 나 자신을 내어 드리면서 하나님 아버지께서는 나의 삶에 참으로 많은 변화를 주셨습니다.

첫 번째, 질병으로 인한 그 지독한 통증에서 해방시켜 주셨습니다.

두 번째, 온몸의 통증으로 말미암아 내 입에서는 언제나 짜증과 부정과 원망이 끊이지 않았었는데 지금은 오직 감사와 긍정의 언어로 바꾸어 주셨습니다. 그로 말미암아 가족 간에 말로인한 충돌이 없어지고 불화가 끊어지고 가족 간의 대화가 따뜻해졌습니다. 할렐루야! ...

세 번째, 하나님께서는 우리 가정에 막혀있던 물질을 풀어주셨고 삶을 풍성케 하셨습니다. 그 중간 중간에 약간의 고비도 있었지만 그것은 고비가 아니라 하나님 아버지께서 방심하지 말라고 내게 주신 신호임을 알고 있습니다.

저는 전에 이렇게 기도했습니다.

하나님 아버지 저의 병든 마음을 치료하시고 병든 몸을 고쳐주시고 병든 삶을 회복시켜달라고.....

하나님 아버지께서는 금식을 통하여 부족한 나의 기도를 들어 응답해 주셨음에도 지금도 똑같은 기도를 합니다.

나의 병든 마음을 고쳐주시고

나의 병든 몸을 치료하시고

나의 병든 삶을 회복시켜 달라고

죄악이 넘쳐나는 이 세상을 살아가면서 언제고 나의 영혼이 병들 수 있고 또 그로 인하여 육체가 병들고 삶이 멸망당할 수 있기에 오늘도 하나님 아버지께 이렇게 간구합니다.

나의 마음과 육체와 삶이 병들지 않도록 지켜주시고 나의 삶 전체가 하나님 아버지께만 영광 돌리며 하나님, 예수님, 성령님을 뜨겁게 사랑하며 하나님 아버지의 마음을 알고 살아가게 해달라고.....

전에도 나를 치료하셨고 현재도 치료하고 계시고 앞으로도 나를 고치고 치료하실 구원의 하나님 아버지를 찬양합니다.

금식의 하나님은 못하시는 일이 없으십니다. 할렐루야!

조희자 권사 (64세. 010-7713-9562)

저는 1974년에 결혼해서 세 아이를 낳고 길렀습니다.

남편은 충청도가 고향이고 성실하고 착하다는 중매쟁이 말만 듣고 결혼을 하였습니다. 그런데 성실하고 착한 것과는 거리가 먼 사람이었습니다.

남편은 우유부단한 성격이고 매사에 태평하고 술과 여자만이 인생의 전부인 그런 사람이었습니다. 헌병출신이라 건들건들한 속이 텅 빈 대나무 같은 사람과 저는 사십년이 넘은 세월을 살았습니다. 맞선을 볼 때부터 마음에 안 들었지만 어차피 한 결혼이라 생활력만 강하면 살 수 있겠다고 생각하고 나로서는 최선을 다해 살았습니다.

외롭게 살아온 내게 아이들은 내 전부였습니다. 남편은 집에 쌀이 떨어져도 술은 안 마시는 날이 없었습니다.

술 속이 안 좋아서 술을 마시면 저와 아이들에게 욕과 폭행을 일삼았습니다.

세 아이를 다 낳고 나서 어떤 사람이 교회를 다니면 남편이 술을 끊을 수 있다고 해서 교회를 다니기 시작했습니다. 저는 친정에서 불교를 믿던 집이라 기독교에 대해서는 전혀 몰랐습니다. 공교롭게도 중, 고등학교도 불교학교를 다녔습니다. 그런데 교회에 등록을 하고 교회는 잘 나가지 않았습니다. 한 주일을 안 나가면 하나님은 내 막내딸을 통해 역사를 하셨습니다. 두 번을 죽일 뻔하고서 어쨌든 주일은 빠지면 안 되겠다 생각하고 아이들과 열심히 교회에 다녔습니다.

어느새 남편은 알콜 중독자 같이 되었고 저는 그 스트레스로 신경계통의 병은 다 걸려있었습니다. 술로 세월을 보내는 남편과 모든 일에 신경질을 내는 속에서도 하나님은 우리 아이들을 잘 길러주셨습니다. 아이들은 평범하게 잘 자라서 큰 딸과 아들은 결혼을 하여 행복한 보금자리를 만들어 떠나고 집에는 결혼안한 막내딸과 우리 부부만 남았습니다. 그런데 어느 순간부터 막내딸이 술을 마시기 시작했습니다. 셋이 사는 집에 두 사람이 매일 술에 젖어 사는 겁니다.

술 마시면 집에 와 행패를 부리는 남편, 한 동안은 어떻게 죽여버릴까 그런 생각도 많이 하고 살았습니다. 남편보다는 내 자식이 술을 마시는 것이 더 힘들고 괴로웠습니다. 지옥의 나날이 이어지고 있었습니다.

날마다 불안하고 초조하고 잠 못 이루고 그렇게 그렇게 살았습니다. 그러다가 친척이 벧엘 금식기도원을 가보라고 했습니다. 막내딸에게 물었습니다. 도저히 너하고 같이 살 수 없으니 집을 나가던지 기도원에 가서 금식을 해서 술을 끊던지 하라고 했더니 막내딸은 기도원에 가겠다고 말했습니다. 딸을 기도원에 데려다 주고 오는데 마음이 아팠습니다.

막내딸은 5일 금식을 하고 내게 전화를 하였습니다. 엄마, 엄마도 금식해봐 금식은 정말 좋아 하나님이 도와주시는 것 같아 그렇게 늘 얘기를 하였습니다. 그래도 저는 '난 당뇨 때문에 금식을 못해'라고 거절을 하였습니다.

그런데 그 무렵 남편이 또 술로 실수해서 직장도 그만두고 어려움에 처해지자 2007년 10월부터 저도 금식을 하기 시작했습니다. 딸은 몇 개월 금식하다가 다시 직장에 다니며 금식을 안 하고 있습니다.

저는 그때부터 한 달도 거르지 않고 꾸준히 금식을 하였습니다. 몇 년 전부터 남편도 직장을 그만두고 같이 금식을 다닙니다. 드디어 2013년 2월부터 남편이 술을 끊었습니다. 남편은 술로 인해 위암수술도 받았습니다. 당뇨 고혈압도 생겼습니다.

그런데 꾸준히 금식하여 술을 끊으니 당뇨, 혈압이 정상이 되었습니다. 마음도 몸도 건강해진 남편을 보니 요즈음은 조금 덜 미워집니다.

40년을 넘게 나를 괴롭혔던 남편의 술을 끊게 해주신 하나님께 감사드립니다. (원래는 착한 사람이었는데 조상대대로 물려 내려온 술 귀신을 내보내고나니 제 모습을 찾은 듯합니다)

요즈음은 달이 바뀌면 이번 달엔 언제 금식을 갈까하고 먼저 말을 합니다. 평생을 미워하고 저주하고 욕했던 제게도 변화를 주실 줄 믿습니다. 이제는 남은 인생 금식하며 모두를 사랑하며 살 수 있는 제가 되길 기도합니다.

언제나 우리 가정에 희생물이 된 막내딸도 사랑하며 기도하며 보듬어가며 살 수 있는 제가 되길 기도합니다.

내 인생에 빛이 되신 예수님을 정말정말 사랑합니다.

제가 아직도 마음은 조금 이렇게 덜 된 듯합니다. 그러나 정신적으로 육체적으로 아픈 곳은 모두 나았고요. 언제나 기도해주시고 길잡이가 되어주신 원장님과 벧엘의 모든 식구들을 정말 사랑합니다. 감사합니다.

김주희 집사 (41세. 조희자 권사님 큰딸, 서울대 병원 간호사)

저는 결혼해서 네 아이를 낳은 김주희 입니다.

세상에서 제일 사랑하는 김도균을 만나 칠년 동안 연애하고 결혼하여 우리들 나름대로 행복하게 살고 있습니다. 때로는 몸이 힘들고 지치지만 늘 나를 사랑해주는 남편과 네 딸들이 있어 늘 행복합니다. 그런데 제게도 어려움이 닥쳐왔습니다.

우리 예솔, 예은, 예랑을 낳고 그만 낳으려했는데 예기치 못한 네째가 생겼습니다. 우리 부부는 어떻게 넷을 낳느냐 병원 가서 수술하자 매일같이 고민하고 싸우고 갈등이 심했습니다.

여러 날 고민 끝에 우리는 수술하기로 마음먹고 친정엄마에게 말씀드렸습니다.

엄마는 이미 생긴 아이를 없앨 수는 없다며 반대를 하셨습니다.

하나님이 주신 생명을 죽이는 죄를 지으면 안 된다고 극구 말리셨습니다.

벧엘 금식기도원 원장님도 한몫을 한 걸로 알고 있습니다.

친정 엄마와 아빠는 벧엘에 금식을 다니시다 아주 기도원 식구가 되셨습니다.

그리고 엄마는 늘 꿈 얘기를 하시는 겁니다. 얘는 크게 될 아이라든지 혹시 아들이면 하고......

그 말에 솔깃해져서 ... 저는 이미 딸만 셋을 낳았으니까요.

저는 부정을 하면서도 혹시나 하는 생각에 낳기로 결정을 하였습니다.

그리고 계속 직장에 다니는데 임신 칠 개월 들어가면서 배가 자주 아프고 하혈을 자주하는 거예요. 어느 날 병원에 근무하던 나는 그날 일을 못 마치고 산부인과 병동에 입원했습니다. 조금만 움직여도 하혈을 하였습니다. 산부인과 박사님은 하루라도 더 뱃속에 있어야 한다고 했지만 부득이 수술하여 우리 넷째를 낳았습니다. 우리 네 째가 뱃속에서 너무 힘이 드니까 그냥 발버둥을 치고 세상으로 나왔습니다. 그때 우리 넷째가 나오지 않았다면 우리 둘이 다 위험했습니다.

하나님은 나와 우리 넷째를 구해주시려 넷째를 세상으로 내놓으셨습니다. 친정 엄마와 남편은 둘 다 위험하게 되면 아기를 포기하려고 결정을 하였답니다.

그 시기에 우리 병원에서 신생아실 중환자실에서 인큐베이터가 없어서 산모들을 다른 병원으로 다 옮겼지만 저는 다른 병원으로 갈 수 없다고 버텼습니다. 한밤중에 퇴근하셨던 교수님이 오셔서 응급 수술을 해 아이를 꺼냈습니다. 너무도 연약한 1키로 100그람 아주 작은 형태만 생긴 아이였습니다.

머리도 약하고 배도 약하고 다리도 약하고 그 조그만 아기를 여기저기 수술을 해야 한다고......

너무 힘들고 어려운 시간이었습니다.

날마다 기도와 눈물 속에 아기는 중환자실에서 잘 자랐습니다. 정상키로가 되었을 때 퇴원을 하여 집으로 왔습니다. 퇴원하고도 늘 검사하러 다니고 정말 만지면 터질세라 불면 날아갈까 조심조심 아기를 키웠습니다. 너무 작고 연약해서 남편은 따뜻한 봄을 연상해 예봄이라고 이름을 지었습니다.

그런데 아이가 자라면서 병원에 가면 아기가 못 걸을 수 있다고 수술을 할 수도 있다고 말을 하는 거예요. 친정엄마는 벧엘 식구들에게 기도를 부탁하고 저도 금식을 시작했습니다. 한 달에 한번 하루 금식 우리 네 딸들과 제가 합하여 삼일 한 끼를 금식하게 되었습니다.

꾸준히 금식하면서 마음에 기쁨이 오고 행복했습니다. 그러는 가운데 우리 예봄이가 걷기 시작했습니다. 예봄이가 처음 걸음마를 할 때 우리 식구들은 모두 눈물을 흘렸습니다. 지금은 뛰어다니며 깔깔 거리며 잘 크고 있는 우리 예봄이 금식이 얼마나 감사한지 모릅니다. 우리 네 아이들은 아빠도 금식하게 해달라고 날마다 기도합니다.

우리에게 금식이 없었더라면 우리 예봄이가 걷지 못하고 계속 병원 치료 받으면서 얼마나 고통스러운 삶을 살았을까? 여기저기 수술하며 얼마나 아프고 그 어린 것을 얼마나 힘들게 했을까? 그런데 놀랍게도 금식을 통하여 이렇게 치료해 주시고 뛰고 걷게 하시고 한 번도 수술하지 않게 해주셔서 지옥이 될뻔한 우리의 삶을 천국의 복으로 바꾸어주신 벧엘의 금식 하나님을 찬양합니다.

한 아이라도 이러한 어려움에서 면하게 하려고 우리 엄마는 원장님의 책을 병원에 많이 가져가 전도했답니다. 대한민국의 아이들이 어려움을 금식으로 해결한다면 수술할 일이 없어지겠지요. 그렇게 될 날을 기다리고 기도하고 있답니다.

늘 우리 가정을 지켜주시는 하나님 아버지 우리 네 아이들을 건강하게 지켜주시리라고 오늘도 기도합니다.

하나님 아버지 예수님 성령님 감사합니다.

그리고 사랑합니다!!!

권유덕 전도사 (41세)

저는 41세의 전도사입니다.

벧엘에서 남편 목사님과 순종하여 온 가족이 금식하면서 행복하게 지내고 있는 사람입니다. 금식을 8년을 하면서 많은 건강문제, 가정문제를 해결하게 하셨습니다.

먼저 불순종으로 아팠던 허리 디스크에 대하여 말씀드리려 합니다. 결혼 후 10년이 넘는 고통의 시간 말입니다.

저는 24살에 남편을 만나 결혼을 하고 25살에 큰 아이를 출산하게 되었습니다. 임신 초반에 평안히 지나가고 큰 아픔이나 고통 없이 지나갔습니다. 그런데 배가 점점 불러오면서 허리가 아프기 시작하는데 그 고통이 참을 수 없는 선까지 가서 밤을 매일 세우고 기어 다니고 구르고 매일 밤이 그랬습니다.

7개월 말부터 10개월 만삭이 되어 낳을 때까지 허리 고통과 부족한 잠으로 사람이 사는 것이 아니었습니다. 산부인과에 가서 고통을 호소하면 임신 중에는 CT나 약물을 처방할 수 없다고 하고 임산부는 배로 체중이 앞으로 쏠리기 때문에 허리는 아프다고 말을 하니 저는 그런 고통은 모든 임산부들이 다 겪는 고통이라고 생각하고 임신 기간이 지나고 출산을 하게 되었습니다. 출산을 하고 나서도 몸이 정상으로 돌아오는데 너무도 오래 걸리는 것을 체험하고 느끼면서도 처음이라 그런가보다 하고 지냈습니다. 그러던 중 큰 아이가 돌 잔치를 하는데 둘째 아이를 임신한 사실을 알았습니다.

제가 너무 임신 기간에 아팠으므로 조금 더 터울을 두고 아이를 갖고 싶다고 남편에게 말하니 남편은 이왕 낳을 거면 지금 낳자고 하셔서 둘째를 낳게 되었습니다. 많이 아프겠다 생각은 했지만 아픈 정도가 큰 아이 때와는 비교도 안 되게 고통스럽고 몸도 많이 약해져 있는 상태라 체중이 20k 불고 7개월부터 밤에 울다 울다 새벽을 맞는 일이 하루의 일과였습니다.

허리는 말로 표현할 수 없이 아프고 남편과 큰 아이도 돌봐야했기 때문에 몸은 지칠 데로 지치고 망가져서 9개월쯤에는 날마다 다리가 부어서 원상태로 돌아오지 않는 임신 중독 증상이 나타났습니다. 허리는 아파서 밤낮으로 아프고 몸은 부어서 움직일 수 없는 시간을 보내다가 출산을 하고 허리가 결정적으로 망가져서 걸을 수 없고 설수 없는 시간을 2년을 보내게 되었습니다.

남편에게 너무 허리가 아프고 다리에 감각이 없으니 병원에 좀 데려다 달라고 하면 남 안 낳는 아이 낳았느냐면서 안 데려다 주는 겁니다. 어린 두 아이를 데리고 가서는 진찰도 치료도 받을 수 없어서 집에서 할 수 있는 일을 하면서 시간을 보내는 중에 큰 아이와 둘째 아이가 유치원을 가게 되었습니다.

허리 아픈 것은 저와 늘 친구 같이 있어서 만성이 되었습니다. 그러던 중 허리에 무리가 가서 극심한 고통 가운데 정형외과를 찾게 되었습니다.

의사 선생님께서 CT를 찍으시고 결과를 보시더니 저에게 어떻게 이렇게 될 때까지 있었느냐고 나무라시는 겁니다. 4번 5번 척추가 디스크여서 사진에 까맣게 나오는 겁니다. 그리고 결혼은 하셨느냐? 자녀 출산은 못 하셨지요? 하시는 겁니다.

저는 자녀를 둘 낳았다고 말씀드리니 고통과 아픔이 아주 극심하고 보통사람이 참을 수 있는 상태가 아니었을 것이라고 말씀하시면서 이제부터 더 출산을 하시면 반신불수가 될 수 있으니 조심 또 조심하시고 당장 수술을 하셔야 하지만 지금 30대 초반이시라 너무 젊으니 수술도 못하니 운동을 하면서 척추를 근육으로 메우며 살고 싶으면 체중은 10k 이상 무조건 빼라는 것이었습니다.

허리 척추는 수술이 어려워서 나이가 많이 드신 분들이 하는 것이어서 저는 너무도 젊어서 지금 수술을 하면 나이가 들어서 아프면 방법이 없다고 하시면서 이 허리 상태로는 일상생활이 안 되니 조심하면서 운동하면서 살라는 말씀이었습니다.

그러던 중에 남편이 자신이 25살 때 하나님께 서원을 했는데 지금부터 신학교를 다녀서 목사가 되겠다는 것입니다. 그때 제 나이가 서른 세 살이고 큰 아이는 초등학교 3학년 작은 아이는 초등학교 1학년이었습니다. 저는 결혼할 때 남편의 말이 있어서 어서 신학교를 가라고 했습니다. 결혼 때 자신은 신학교는 꼭 가고 싶다고 해서 저는 자녀들 어릴 때 가라고 했습니다. 그래서 크게 놀라거나 하지 않고 학교를 알아보았습니다.

그때 저희 부부가 사는 곳이 수원이어서 그곳은 큰 신학교도 많고 군소 신학교도 많아서 저는 당장 들어갈 것이라고 생각하고 학교를 찾았습니다. 그런데 그때가 3월이어서 신학기가 다 시작되어 안 되었습니다. 그래서 다음 년도나 2학기에 가야겠다고 마음을 먹고 준비하고 있었습니다. 그런데 저에게 신기한 일이 일어났습니다. 그때부터 제 허리가 아프지 않는 것입니다. 걸어 다녀도 뛰어다녀도 무거운 것을 들어도 아프지 않았습니다. 너무 신기했습니다. 순종하겠다고(삼상15:22) 말만 했는데도 지옥이 천국으로 바뀌었습니다.(마3:2)

저희 부부는 주의 종이나 목사가 되겠다는 생각은 있었지만 확신이 없었습니다. 신학만 할 생각이었습니다. 그러던 중에 어느 전도사님의 입을 여셔서 저의 남편에게 사명이 있다고 하셔서 응답이겠다고 생각해서 기도원을 찾다가 저의 친정어머니께서 금식 하고 계시는 벧엘 금식기도원 교회에 처음 오게 되었습니다.

첫 금식에서 사명자라는 소리를 듣고 저희 부부는 신학을 하려고 마음을 먹고 있었기 때문에 곧 바로 순종을 하게 되었습니다.

벧엘에서 저희 부부는 제 2의 인생이 시작되었습니다.

금식하면서 건강과 삶은 날로날로 평안해져 갔습니다. 특별히 저희 둘째 아이는 금식하기 전에는 아토피가 너무너무 심해서 밤에 자기 전에 피가 나도록 긁어도 잠을 못 잤는데 금식 몇 번으로 아이가 행복해지는(사58:8) 등 금식을 매달 진행하면서 우리 식구 모두가 행복해져 가고 있던 중에 금식 1년쯤에 자녀를 더 주신다고 꿈과 환상으로 응답을 받았습니다.

저는 너무 무섭고 두려웠습니다. 의사의 말이 생각났습니다. 더 자녀를 낳으면 반신불수가 될 수 있다는 말은 저를 무섭게 했지만 남편과 원장님의 권유로 용기를 내었습니다.

셋째 아이를 임신하게 되었습니다. 임신 초반에는 여러 가지 일로 몸이 많이 안 좋아서 아팠습니다. 그때 제 나이가 서른다섯 살이었습니다. 그런데 달수가 계속 될수록 아프지 않고 건강하여지더니 7개월 이후부터는 허리도 안 아프고 잘 먹고 잘 자고 그렇게 행복한 임신은 저에게는 처음이었습니다.

잠을 편히 자고 마음대로 걸어 나닐 수 있다는 것 그것은 순종과 함께 1년 동안 매월 한 금식이 저를 건강하게 만들었다는 것을 알 수 있는 임신 기간이었습니다.

누구나 다 순종하였다고 저처럼 평생 다 고쳐지지 않는 허리 디

스크가 낫지는 않더라고요.(사55:11)

저는 행복한 임신 기간을 보내고 출산을 했습니다. 그전 출산과는 다르게 회복도 빠르고 몸도 마음도 평안하니 저와 아기는 날로 건강하여지고 행복해져갔습니다. 그리고 출산 후 회복 중에도 금식을 병행하였더니 회복이 더 잘됨을 몸으로 체험하는 시간 시간이었습니다. 지금은 그 셋째 아이가 벌써 7살 유치원생이 되었습니다. 우리 가족에게 금식은 당연한 것이고 일상입니다. 특별한 것이 아니라 뱃속에서부터 금식을 하였고 아기 때부터 했기 때문에 그 아이는 잔병이나 크게 아픈 곳 없이 무럭무럭 잘 자라고 있습니다.

저희 부부는 순종하여서 받는 셋째 아이와 두 아이를 금식과 꿈과 환상으로 성경과 삶을 접목하면서 키우고 있습니다.

금식의 기적이 우리 부부에게 자녀를 더 갖게 해주셨고 허리도 치료하셔서 지금은 건강하고 행복하게 사명감당하며 일하며 삶을 살아갑니다. 불순종은 저를 아프게 하고 죄와 사망의 법(롬8:2)에 걸려 삶의 나락 끝으로 몰고 갔지만 금식과 순종으로 복을 주셔서 오늘을 사는 저에게 건강한 천국의 행복을 주셨습니다.

아버지! 제 앞에 주어진 모든 것을 할 수 있는 건강 주심에 감사드립니다.

아버지, 예수님, 성령님 사랑합니다. 감사합니다.

최성경 권사님 (83세. 010-4729-8622)

2002년 8월 6일 시어머니가 돌아가시고 추석날 며느리가 뇌경색을 맞아서 병원으로 입원을 했어요. 10월 어느 날 밭에 나가보니까 이삿짐을 3차 싣고 누군가 이사를 와서 알고 보니 원장님이 "하나님께서 두 팔을 벌리고 이쪽으로 빨리 오라고" 하셔서 오셨다고 하셨어요.

원장님은 생기 기도원이 하나님이 말씀하신 곳인 줄 알고 오셔서 그곳을 달라고 말했더니 욕을 하면서 내쫓으며 끌어냈다고 하셨다. 짐을 가지고 당장 오갈 데가 없어서 영팔이에게 빈 창고 하나 얻어 달라고 했더니 그때 마침 이면우 집사(내 아들)의 창고가 비어서 짐을 풀어 놓을 수가 있었다.

그날 저녁 아들이 창고에 가서 보니 젊은 여자 혼자 있는 것을 보고 냉방이라고 민박을 얻어서 가서 자라고 말했지만 원장님은 이 창고가 좋다며 아들을 집으로 보냈다.

그런데 가만히 집에 누워서 생각하니 잠이 안 와서 다시 새벽에 창고에 가니 문을 열어달라고 해서 창고 안으로 들어가서 그때 원장님과 마주 앉아서 첫 대면을 하게 된다.

무슨 일로 왔는지는 모르지만 사람이 빈 창고에 와서 혼자 잔다는 것을 걱정해 주는 아들의 심성을 하나님께서 어여삐 보신 듯하다. 지금 생각해 보면 하나님께서 사랑하시는 눈으로 바라 보았던 영혼이 우리 아들이었던 것이다.

돌아서 집으로 가는 아들에게 무슨 일이 있느냐고 당신 얼굴을 보니 죽음의 영이 덮여 있는데 나에게 말하면 해결책을 알려 주겠다. 나는 아무것도 모르지만 내 뒤에 계시는 분은 모든 것을 알고 계시니까? 라고 원장님이 물었단다.

아들이 마음을 열어 말하기를 아내는 풍을 맞아서 병원에 입원해 있고 하고 있던 일과 돈 빚 문제로 두 어깨가 많이 무겁다고 그 얘길 들은 원장님은 아들과 함께 며느리 병원에 가서 기도해주고 병문안 해주면서 점차 좋아지고 회복되어 가는 가정을 위해서 3일 금식을 하게 된다.

그 금식 또한 하나님께서 원장님을 통해서 천하보다 귀한 한 영혼 위해 하라고 시키신 것이었다. 왜냐하면 금식은 원장님이 하셨는데 꿈은 아들이 꾸었으니까요.

꿈 : 아들하고 영팔씨가 함께 들판에 누워있는데 하늘에서 큰 포

크레인이 내려오는데 글쎄 비킬 틈도 없이 '아 이제 죽었구나'하고 생각하고 있던 찰나에 포크레인이 머리 위까지 내려왔다가 다시 올라가는 꿈을 꾸게 된 것이다. 하나님께서 이렇게 금식을 통해서 그것도 다른 사람이 아들을 위해 한 귀한 금식을 통해서 역사하시는 체험을 하게 되었다. 그래서 나는 말한다. 금식과 꿈 환상이 우리 귀한 큰 아들을 살렸다고 그 일이 있은 후 아들 생각에 원장님은 보통분이 아닌가보다 생각하고 귀한 인연을 통해서 9일 만에 지금 브니엘 숙소 집터를 제공하게 된다.

이 몸도 태어나고 자라면서 하나님을 모르고 살아온 긴 세월 동안 살다가 시집을 와서 보니 툭하면 점치고 굿하는 우상만 섬기는 가문에서 살았다.

아마도 원장님을 그때 만나지 못하고 창고를 제공해 주지 않았다면 나는 아직도 예수님을 모른 체 부적을 집에 붙이며 불공을 드리며 살고 있었을 것이다.

원장님과의 인연은 처음 우리 아들을 통해서지만 그것이 끈이 되어서 지금은 점차 교회 안으로 예수님 가까이 오려고 노력 중에 있는 큰 아들 부부 그리고 처음 우리 집에 들어와서 밤새 기도를 해주면서 그리고 잠을 안자고 앉아 있는 원장님과의 첫 대화를 통해 나는 예수님을 영접하게 되었다.

"어머니! 큰 신 믿으실래요? 쪼무라기 신 믿으실래요?" 그 말을 들은 나는 "이왕에 믿을 거 큰 신 믿을 라우!" 그래서 나는 천국 백성이 되었다.

그때부터 13년 벧엘 13주년과 나의 믿음 생활을 그리고 금식을 지금까지 현재 진행 중이다. 80을 넘은 나이지만 현재 나는 잠도 잘 자고, 화장실도 문제없이 잘 가고 잘 먹고 크게 병을 앓고 있지 않다. 건강한 상태로 하나님이 붙들어 주시고 계신 것을 새삼 감사드린다.

감기나 크고 작은 질환을 내 나이에 하나도 없이 지낸다는 것은 어불성설, 젊은 사람들도 한번 씩 걸리는 것처럼 지나가는 감기 정도는 회복도 그만큼 금식을 해서 그런가 빠르다. 병원가는 횟수가 손에 꼽을 정도이다.

매달 꾸준히 하고 있는 금식을 통해서 나에게 있는 흉악의 결박과(사58:6) 우리 조상들이 섬긴 우상숭배의 죄 값을 끊고(출20:5) 있는 현재까지 크게 부를 이루고 눈에 보이는 큰 것은 없지만 돈으로 살수 없는 건강을 주셨고 자녀들 손자들까지 큰 사고 없이 아버지 긍휼아래 지금까지 지켜주신 은혜에 감사 한다.

평범하기가 요즘 세상에 얼마나 힘든가? 금식을 하며 화목해 져 가는 가정들을 볼 수 있다. 삐뚤어지게 나가는 자식들이 있는가? 아주 없을 순 없지만 부모인 내가 하나님 앞에서 금식하고 회개하고 자식들을 위해서 기도하면서 하나님 앞으로 돌아올 자녀들을 기대하며 소망을 품고 기도한다는 것이 복이 아니고 무엇인가? 원래 죄가 많다고 울면서 나중에 늦게나마 돌아올 자식이 오히려 효도 하더이다. 자식에 대해 자녀들에 대해 기다려주고 인내해 주게 하시는 것도 참고 더 참고 사랑할 준비를 시키시는 것도 우리 하나님이신 줄 믿는다.

아버지, 예수님, 성령님 감사합니다. 사랑합니다. 금식 화이팅! 벧엘 화이팅!

서문준호 집사 (47세. 010-8936-1588)

30살에 23살 처녀인 지금의 사랑하는 아내를 만나서 두 아이를 낳고 헤어질 위기도 많았지만 지금껏 하나님의 은혜로 벧엘 금식 기도원에서 훈련을 받으며 행복하게 잘 살아가고 있는 한 집안의 가장 서문준호입니다.

삶이 꼬이기 시작한 것은 그 누구의 탓도 아닌 모두 제 탓이란 것을 알고 있습니다.(느끼고 배워서)

운수업으로 생계를 유지하며 살아오며 부족하지만 그래도 10년 정도는 빚 없이 먹고 사는 데에도 지장이 없을 정도로 하나님께서 은혜를 베풀어 주셨습니다. 하나님께서 저를 사랑하셔서 주의 종의 길을 가라고 저 아닌 아이들과 부인에게 꿈으로 보여 주셨다고 얘기를 들었는데 저는 그냥 대수롭지 않게 흘려버렸고 그렇게 살아오면서 어려움이 닥쳤습니다.

매일 술을 먹고 교회를 다니지 않는 저와 믿는 부인은 다투는 일이 부지기수였습니다. 그러던 어느 날 부인과(장인경 전도사) 아이들은 벧엘로 가서 생활하게 되었고 떨어져 살아야 하는 그러한 가정이 되고 말았습니다. 그렇게 몇 년 동안 헤어지기와 합치기를 반복하면서 생활해 오다가 저의 술(과음)로 인해서 더욱 악화가 되어서 다시 떨어져 살아야 했고 그 시간 시간은 살아있으나 죽은 것과 같았습니다.(마10:38,39).

매일매일 술과 친구로 살아오면서 저의 몸은 점점 쇠약해져 갔고 굶식하기를 밥 먹듯 하니 몸무게가 무려 57k까지 내려갔고 허약 체질이 되고 말았습니다. 도저히 안 되겠다 싶어서 벧엘 금식 기도원으로 들어오기로 마음먹고 곧바로 짐을 싼 후 정리하여 이사를 오게 되었습니다. 그리고 신앙생활을 한 번도 해보지 않던 저는 원장님의 권유로 예수님을 영접하게 되고 곧 바로 금식으로 순종하게 되었으며 1년 6개월 정도 금식하고 훈련받으니 술 담배 모두 끊게 되었으며(사 58:6, 하나님 기뻐하는 금식은 흉악의 결박을 풀어주며) 가정이 회복되었고 자녀와 대화도 원활하게 되었으며 병들었던 삶이 회복되어 가정이 평안해졌습니다.(사 58:8,12)

가정이 평안해야 행복인데 술과 담배로 인하여 헤어지고 만나기를 반복했던 지난날의 어두웠던 지옥의 삶이 회개와 용서를 통한 하나님 기뻐하는 금식을 통하여 나의 잘못을 깨닫고 네가 잘

못했다고 아웅다웅하던 저를 회개하고 고쳤더니 밝은 천국의 (마 3:2) 삶으로 환하게 바뀌었답니다.

저를 종으로 불러주시고 금식할 수 있게 해주신 벧엘의 아버지, 예수님, 성령님을 찬양합니다.

고경중 목사 (57세. 010-7771-4944)

2015년 2월 18일 설날에 저는 하나님의 종으로 택정 받았음에 감사하며 이 글을 씁니다.

현재 저는 벧엘 금식기도원에서 부원장으로 사역하며 목사가 되었습니다.

처음 벧엘에 오게 된 2007년 12월 5일 금식을 시작해서 하나님 뜻을 알고 순종하여 복 받는 길에서 내 자신을 내려놓고 성령님이 지혜와 지식의 근본임을 매일 같이 인정하며 나의 어리석음을 버리고 성령충만으로 하루를 감사함으로 행복하게 살고자 웃음을 훈련하며 재미있게 살고 있다.

처음 벧엘 오기 전에 2007년도 나의 상황은 참 어려운 시기였다.

감리교 권사였던 나는 믿음 생활을 나의 기준에 옳게 하고 있었다고 자부했다. 주일, 수요예배, 금요철야, 새벽예배, 사순절 특별 기도회, 교회 전도 대회 등 교회에서 하는 일에 최선을 다해서 참여했으며 참여율로 점수를 매기면 상위권이었다.

그러나 나의 생활은 어려웠다.

첫째, 경제적으로 빚에 시달렸고 둘째, 사회적으로 직장에서 해고 통지 받고 실직되었으며 셋째, 제일 큰 문제는 자녀들이 대학 진로에 1차 실패한 상태였고 넷째는 나의 건강은 두 무릎 관절에 퇴행성 관절 상태로 물렁뼈가 찢겨져서 관정경 수술로 찢겨진 부분을 잘 다듬어 놓은 상태로 더 이상 찢겨지면 인공 관절로 대체해야 하는 상태였다.

의사의 처방은 미국에서는 나 같은 환자를 격리해서 조심하게 관리하는 상태라 했다.

축구, 족구, 등산은 물론이고 가벼운 산책도 평지에서 조심해야 했고 특히 계단을 오르내릴 때 물렁뼈가 손상이 될 수 있으므로 조심해야 한다고 했다.

빌라 4층에서 살고 있던 저는 계단을 오르내리면서 가끔씩 통증을 느끼게 되면 무릎이 시큰 거릴 때에 인공 관절을 해야 하나 하는 두려움에 쌓이곤 했습니다. 때로는 로보캅 처럼 걷는 내 모습이 상상되기도 했었던 암흑의 시기였다.

가족은 아내, 큰 딸, 큰 아들, 늦둥이 막내아들을 둔 가장으로써 많은 날 눈물로 기도하면서 내 처지에 빛 되신 예수님께서 구원의 소망을 주실 것을 간절한 마음으로 기도를 열심히 하던 때였다.

힘든 나날을 보낼 때에 친구 유운상 목사님으로부터 전화가 왔다. 벧엘 금식 기도원 교회에 월요일에 갈 것인데 고권사도 함께 갑시다. 월요일 10시까지 신흥초등학교로 오라고 해서 순종하는 맘으로 금식을 12월에 처음 시작했다.

꿈과 환상으로 인도하는 하나님께서 나에게 꿈을 주셨다.

5개월 안에 직장을 주신다는 말씀이다.

기뻤다. 큰 믿음이 생겼다. 웃음이 나왔다. 소망의 언약 직장을 주신다는 그 말씀에 나는 근심을 모두 버렸다.

2008년 2월 4월 금식을 다달이 3일씩 하던 나는 영원한 직장을 구했음에도 도리어 근심에 쌓였다. 주의 종의 길을 자원하라는(벧전5:2) 꿈을 꾸게 된 것이다. 아니 50살이 된 나에게 주의 종을 하라니 목사님이 되어서 하나님의 길에 순종하여 살라니 크게 근심이 되었지요. 막상 직장을 하나님께서 주셨는데 나는 주의 종 훈련에 입사하는 것이 걱정이 되어 불순종의 길을 2008년 한 해 동안 걸었다.

빛 되신 하나님의 복음에 순종하지 못하게 하려는 나의 조상으로부터 내려온 우상숭배의 저주에(출20:5) 사탄은 교묘하게 나를 불순종의 길로 유혹했다.

첫째, 후배가 찾아와서 자신의 삼촌이 회사를 인수 합병하는데 사장을 구하는데 내가 최적임자라면서 추천을 했고 이력서를 써

달라는 것이었다.

둘째, 직장에서 함께 근무하던 친한 부장이 회사를 설립해서 동업하자는 제의였다. 5월에 만나서 협의 했고 7월에 회사 설립하기로 했는데 연락두절이 되었다. 9월에 알게 된 사실 6월에 급성 간암으로서 고인이 되었다는 동료 직원으로부터 연락 받았다.

셋째, 교회에서 많은 지인들이 직장을 소개했다. 100% 되는 직장 알선인데 계속해서 결렬되었다. 소개한 지인들도 이해가 안 되는 모양이었다.

넷째, 내 스스로 이력서를 제출했지만 며칠 후 결과는 안 되었다.

낮은 자리 월 100만원 짜리라도 구했지만 결과는 안 되었다. 사장으로 추천한 후배는 계속해서 1달 2달 미루면서 인수 과정에서 진행이 잘 안된다며 시간을 계속 끌고 가는 상황이었다. 그러는 사이 두 무릎은 시큰거리고 나는 지옥의 아득함을 느꼈다. 결심을 했다. 나는 하나님 뜻에 순종하지 않음에 모든 것이 막혔다는 것을 깨닫고 주의 종의 길에 순종하기로 결심하고 2009년 3월 1일에 벧엘에 들어왔다. 대학입시에 실패한 큰 아들을 데리고 왔다.

벧엘에 들어온 나는 모든 근심을 내려놓고 하루를 재미있게 웃으며 살았다. 벧엘에 훈련 종들이 주일에 족구를 하자고 한다. 나는 믿음의 결정을 해야 했다.

나는 운동 중에서 축구, 족구, 좋아해서 하고 싶은데 두 무릎을 관절경 수술을 했고 의사의 소견으로는 격리해서 안정을 취해야 하는 몸인데 어떻게 할지 몰랐던 나는 이사야 58:11절 말씀에 "네 뼈를 견고히 하리니"하는 말씀이 네 뼈를 튼튼하게 해주리라는 말씀으로 들려서 결심을 했다.

족구를 같이 재미있게 했다. 무릎에 주의하면서 주로 수비수로 위치를 맡아서 발보다는 헤딩으로 하면서 시작한 족구가 어느새 공격수의 위치로 가서 스파이크를 날리는 자리에서 공격했다. 지금은 매 주일마다 내촌 풋살구장에서 축구를 즐기고 있다. 13살짜리 막내가 걱정할 정도로 뛰어 다니면서 축구한다.

57살의 나이에 80kg넘는 체구로 뛰고 있다.

그렇게 구하던 직장은 이제 영원한 하나님의 종으로써 목사가 되었다. 대학 진로에 고생했던 큰 딸은 대전 침신 대학교 성악과를 졸업하고 벧엘에서 영서학교에서 성악도 공부하고 영적인 공부도 하면서 전도사로 있다.

대학에 실패했던 큰 아들도 한국성서 대학교 1학년을 마치고 군대 다녀와서 지금은 영서학교에 다니면서 전도사로 있다.

아내도 영서학교를 4년 올해 마칠 것이며 지금은 전도사지만 곧 하나님께서 목사로 임명하실 것이다.

벧엘에서 하나님 기뻐하는 금식은 근심 걱정거리 모두를 기쁨으로 바꾸어주었으며 나의 건강을 좋게 해주셔서 퇴행성 관절에 대한 두려움을 떨쳐버렸고 나의 삶은 갈수록 좋아지고 있다. 나와 같은 고통 속에서 헤매는 분들이 계시다면 먼저 주의 종의 길에

순종 못하고 있는가 살펴서 순종하시고(약4:7)

금식하시면 모든 삶에 천국의 기쁨으로 충만하게 될 것입니다.

하나님 아버지, 예수님, 성령님께 오늘도 감사한다.

김정경 전도사 (53세)

2011년 우연한 계기로 벧엘을 알게 되었는데 지옥에 들어 있는 것 같은 답답한 삶과 생활 속에 오는 괴로움에 죽고 싶어도 죽어지지 않았고 이혼하고 싶어도 이혼 할 수가 없이 죽음 같은 삶에 질질 끌려 다니고 있을 때 벧엘에 와서 금식하면 다른 기도원에서 느껴보지 못했던 마음에 평안함과 살 수 있겠다하는 의욕이 생겼다.

어느 정도 금식이 진행되니 1년 반 정도 먹었던 혈압 약을 먹지 않아도 건강하게 생활할 수 있게 되었고 매월 3일 금식을 하기 위해 버스를 타고 내촌으로 올 때의 자유와 신기한 자연과 세상을 보았고 내 마음에 죽음의 귀신이(자살의 영) 사라지고 있었다.

순종하여 전도사가 되기까지 많은 아픔이 있었다. 내가 어려울 때는 도움을 주지 못하던 분들도 주의 종의 길을 가서 순종하겠다고 하니 이상하게 말리고 고통을 주며 실족하라고 고사지내는 것 같은 일들을 너무나 많이 했다. 평상시에는 관심이 없는 줄 알았는데 순종의 자리에 서려고 하니까 역시 귀신들은 사람들을 통하여 그대로 계속 살라고 나를 부추기며 괴로움을 주었다.

그런데 원장님은 순종하면 산다고 더욱 확신 있게 말해주었다. 나의 삶이 더 이상 갈 곳도 없고 꿈에서도 아버지께서 주의 종임을 분명하게 보이셨다. 나는 생각했다. "내가 종으로 순종하여 지옥 같은 삶을 벗을 수만 있다면 못할 일이 뭐있으랴" 하며 밀고 나갔다. 지금은 여러 가지가 정리 되어서 기쁜 마음으로 주의 종이 되기 위해서 계속 공부하고 있으며 아이들도 건강하게 자신들의 자리에서 열심히 전도사로 학생으로 생활하여 평안하여 든든히 서가는 가정을 꾸리고 있다.

남편은 차차 변화하리라고 생각하며 계속 다달이 금식하며 행복한 자여손천대의(사58:12) 복을 꿈꾸며 살아가고 있으며 훈련받고 있답니다. 나의 불순종으로(엡5:6) 인한 가정의 피폐가 순종과 금식으로 말미암아 차츰 평안을 찾아가고 있음을 아버지 예수님 성령님께 영광 돌려 드립니다.

송한나 목사 (59세. 010-2522-3564)

저는 2006년 6월에 첫 금식을 벧엘 금식기도원 교회로 왔습니다. 제가 수년간 금식을 하면서 좋아진 몸과 행복해진 것에 대해 말하려 합니다.

먼저 좋아진 몸은 제가 97년도 한 해에 교통사고가 2번이 났습니다. 두 번의 교통사고로 인해 몸이 정말 많이 망가지고 특히 허리를 많이 다쳐서 두부 한 모를 못 들고 다닐 정도였습니다. 그래서 금식을 하려고 기도원을 찾던 중, 추천을 받아 여기로 금식을 오게 되었습니다.

금식을 한 달에 3일씩 꾸준히 하다 보니 자연히 건강이 좋아지고 허리도 치료받아 많이 건강을 회복했습니다.

또 교통사고와 더불어 왼쪽 수족이 감각이 없어졌는데 지금은 말끔히 치유되어 병원 한 번 안가고 건강한 지금을 보낼 수 있게 되었습니다. 그리고 한 달 뿐 아니라 일 년 내내 불면증으로 잠 못 자던 것, 또한 치료받았습니다. 또 뇌에서 화장실은 가고 싶다라는 생각을 해서 화장실을 가려면 가는 도중에 소변이 나오는 요실금이 있었는데 금식하면서 배를 만지며 "예수 이름으로 치료받을 지어다." 라고 말하니 치료 받았습니다.

꾸준히 금식을 했더니 병원에 단 한 번도 안 가고 요실금을 말끔히 치료 받았습니다. 지금 저는 정말 행복합니다. 여기 들어오기 전의 삶은 하나님은 알고 계십니다.

얼마나 지옥 같은 삶을 오래 살았는지 지옥이 정말 있겠지요. 여러분 살아서도 지옥이 있습니다. 우리가 불순종하고 하나님의 뜻을 따라 살지 못하면 그것을 치리하는 사탄, 마귀, 귀신이 우리를 괴롭혀 벌을 주고 있었던 것을 몰랐지요.(엡2:2)

교회생활도 열심히 했지만 나의 삶은 억지로 웃는 것도 힘들 정도로 불행했습니다.

자식 셋을 학교 보내야 되고 남편이 아파 병원 생활 10년을 보내 돈을 벌어야 했고 남편이 일찍 죽고 내 나이 41살에 과부가 되었습니다.

그 후 제 삶은 웃는 날이 없고 빚에 시달려 고통스러웠습니다. 벧엘 와서도 빚이 있긴 했지만 지금은 빚 정리했고 벧엘에서의 제 삶은 행복이 무엇인지를 알게 되었습니다.

원장님의 끝없는 관심과 사랑, 교회 분들의 사랑을 정말 많이 받으며 행복하게 지내고 훈련받고 있습니다. 지금의 저는 과거와는 비교할 수 없을 정도로 천국의 삶으로 옮겨져 행복하답니다. 또 자녀 셋이 다 결혼을 하여 손주 7명이 있는 누구보다도 행복한 할머니에 아버지의 귀하신 은혜로 목사까지 되었답니다.

금식의 효과를 소리 높여 외치고 싶습니다.

여러분 금식하세요.

아주 행복해집니다.

이 영광과 은혜를 아버지, 예수님, 성령님께 돌려드립니다.

이소라 집사 (44세. 010-8718-1031)

저는 올해 44세가 된 집사로 벧엘에 들어와 살게 된 것은 10개월 정도가 다 되어 갑니다.

처음엔 어떤 분의 소개로 금식을 왔다가 원장님으로부터 주의 종이란 말씀을 듣게 됐고 그 후에 바로 여러 가지 상황이 마치 짠 것처럼 벧엘에 들어올 수밖에 없게끔 만들어졌습니다.

저의 삶을 뒤돌아보면 육신적으로는 건강했으나 돈이 모이지 않는 물질의 저주가 있었습니다. 다니던 직장이 형편이 안 좋아지는 것이 다반사고 저도 자주 직장을 가만두는 상황이 생기고 목돈이 생길 만하면 꼭 그것이 없어질 일이 생겨버려서 늦은 나이가 되도록 손에 쥔 돈이 없고 또 물질 관리를 제대로 못하고 소비하는 생활을 했습니다.

또한 저에게는 결혼에 대한 부정적인 생각의 철장이(계2:27) 쳐져 있어서 결혼을 안 하고 가정을 이루지 못한 저주 가운데 있었습니다. 벧엘에 들어와서 한 달에 한 번씩 금식을 하다 보니 지금까지 10번 이틀, 삼일씩 금식을 했고 아직 금식의 분량이 채워진 것은 아닙니다.

처음 금식할 때(3일) 잇몸이 들뜨듯 매우 아프고 팔다리, 근육통이 심했는데 평소에는 느끼지 못했었다. 그 부분이 제가 육신적으로 약했던 부분이었고 금식할 때 하나님이 치료하시는 과정이었습니다.(사58:8)

피곤하면 저는 팔다리가 은근히 아프고 잇몸 같은 경우는 나이에 비해 매우 안 좋아서 벧엘에 들어오기 직전에 이 하나는 빼고 임플란트를 하기도 했었습니다. 잇몸은 지금도 금식할 때마다 조금씩 치료해주고 계십니다.

무엇보다도 하나님 기뻐하는 금식은(사58;6) 흉악의 결박을 풀고 사탄, 마귀, 귀신에 매여 있던 마음에 귀신을 빼내고 성령충만함을(행2:4) 채워주는 것입니다. 물론 금식과 함께 회개와 용서의 간구도 필요하고(사58:4) 은사 집회를 통해 성령의 물로 채움 받아야 하는데 매번 금식하며 느끼는 것은 나에게 필요한 회개의 제목과 마음의 찔림을 그때그때의 필요에 따라 각각 주셔서 그 문제로 기도하게 하시고 회개하고 깨닫게 하시는 것 같습니다.

무엇보다 저는 부정이 강한 사람이었고 비판적이고 비관적인 사람이었는데 금식과 훈련과 말씀을 통해 긍정의 사람으로 조금씩 바뀌는 것을 느끼게 됩니다.

예전엔 주변 사람들에게 예수를 전하려고 하거나 아니면 예수 믿는 사람들이 삶의 고통스런 문제를 겪으면 막연히 예수 믿으라고 하거나 기도하겠다는 말 밖에 할 수 없었는데 이제는 그것을 해결할 수 있는 방법을 제시할 수 있습니다.

바로 성경에 나온 것처럼 '기도와 금식'(막9:29, 전수성경)입니다.

삶의 저주를(레26:14-) 풀 수 있는 열쇠를 사랑하는 자들에게 전할 수 있게 하신 아버지 하나님께 감사와 영광을 돌려드립니다.

박선임 목사 (예수 생명교회 밀알 금식기도원,

담임목사 67세, 010-2683-2861)

저는 전남 무안군 삼향읍 유교리 569-2번지에서 예수생명 교회 담임목사로 시무하고 있습니다.

이사야 58:6절 이하의 말씀처럼 금식은 흉악의 결박을 푸는 열쇠입니다. 15년의 투병생활을 기도로 승리했고 21일 금식을 두 번 하고 허리가 빠져나가고 머리통이 깨어질 것 같은 질병이 치료되었고요.(사58:8)

8-9년 전 디스크 수술 후 쓰러져 한방에 침 맞고 한약 먹고 2개월을 다녔지만 한의사 선생님 왈!! 이렇게 아픈 사람 의사 생활 25년에 처음이라고 할 정도고요. 그러나 한방도 약도 다 버리고 아버지께 맡기고 금식을 결정하고 승리를 거뒀습니다.(사58:11)

한 달에 3일씩을 4개월을 했는데 더 이상 할 수가 없어 5월은 빼고 있을 때 내 동생 이스라엘 원장 목사가 전화가 왔어요. 언니 기도원에 와서 쉬어 가세요.

너나 금식시키려고 오라고 그러지? "아니 형부한텐 미안한데 와서 그냥 쉬어가" 그래서 올라갔는데 금식 기도원에서 그냥 식사하고 있는다는 것이 맞질 않아 3일 금식을 했었네요. 그런데 사돈 권사님 쫓아다니면서 목사님 몇 일 계실거예요? 2주요! 그럼 금식을 1주간을 해야 한다는 겁니다.

펄펄뛰던 저는 3일 금식하니 팔 쑤신 고통이 수월해서 1주간하면 나을까 싶어 1주일 금식을 했는데 다리가 걸을 수 없이 절름절름 절고 다니던 것이 싹 나아서 자존심 상했던 저의 삶이 행복으로 전환되었답니다.(사58;11) 지금도 생각하면 마음 아프고 하나님께 감사드립니다.

5월 금식을 뺏으니 하나님께서 5-6월하고 뽀너스까지 하루를 더하게 하시는구나! 하면서 3일 금식 3년을 작정했습니다.

에스더처럼 죽으면 죽자! 그런데 8개월째 3일 금식을 하니 두 다리가 멀쩡하게 걸어졌습니다. 앉고 서는 것도 제대로 하지 못했던 저는 지금 목회도 하고 농사도 짓고 가축도 기르면서 너무너무 건강하게 지내고 있습니다.

40개월을 3일 금식을 했고 2년을 2일 금식을 지금은 24시간-36시간 다달이 계속해서 금식의 끈을 놓지 않고 있습니다. 소화만 조금 안 되도 저는 하루 금식하고 나면 거뜬해지고 제 나이 67세인데 피부도 60세보다 더 곱고 그들보다 더 건강하게 살아가고 있습니다.

금식은 흉악의 결박을 풀어주며 멍에의 줄을 끌러주며 압제 당한 자를 자유케 하며 모든 멍에를 꺾는 것이 아니겠느냐?

사 58:6절 말씀, 아멘 할렐루야!

하나님께 영광입니다.

성스데반 목사 (63세. 010-4922-5322)

제목 : 할렐루야! 그 노랫말이 곱습니다.

사람에게는 누구나 한번쯤 터닝 포인트, 다른 말로 말하면 전환점이 있고 또 있어야 합니다.

다른 표현을 빌리면 변화 또는 거듭남이겠지요.(요3:5)

저의 터닝 포인트는 바로 벧엘에서 만난 금식이었습니다.

금식은 저의 인생을 송두리째 바꾸어 놓았고 저의 교만을 깨닫게 했으며 사랑이라는 말의 의미를 알게 했습니다.

더욱 중요한 것은 새로운 소망을 얻고 사명감에 불타게 되었다는 것입니다. 저는 7일 금식 후 맛있는 보식을 하면서 이 글을 쓰고 있습니다.

저는 나그네였습니다.

초등학교 6학년부터 시인이 되고 싶었고 학창시절을 지나 대학원에서도 다른 공부는 그저 그렇고 문학만 좋아했고 틈틈이 습작을 하며 만나는 사람에게 들려주곤 했습니다.

저의 시인의 꿈은 이루어졌습니다.

공무원으로 20년 재직하는 동안 4권의 시집을 출간했고 종로서적에서 베스트셀러 상위권에 진입하기도 했습니다.

그러나 하나님은 저의 무절제하고 가정적이지 못한 생활에 채찍을 드셨고 술과 여행으로 방탕하던 저에게 이혼이라는 중징계를 내리셨습니다.

"우리의 씨름은 혈과 육에 대한 것이 아니요 통치자들과 권세자들과 이 어둠의 주관자들과 하늘에 있는 악의 영들에 상대함이라" (엡 6:12)

나를 잘못하게 하는 것이 무엇인지 몰랐지요. 술 먹고 방탕하게 하는 것이 귀신인지 몰랐습니다.

그 귀신들의 행동을 따라한 댓가가 너무 무서웠지요.

저는 선녀처럼 아름다운 아내와 고운 딸 멋진 아들을 남겨놓고 떠돌이가 되었습니다.

산 속에 텐트를 치고 살다가 인연이 닿는 곳으로 옮겨가고 결국 절간에 들어가 절 일도 돕고 목탁을 치며 새벽 도량석을 돌기도 했습니다.

산사에서 2권의 시집을 출간 하고도 '인생이란 무엇인가?'라는 갈증을 풀지 못한 채 하산하여 승합차에서 생활하면서 몇 해를 세상 여기저기 떠돌았습니다.

그러다가 메밀꽃 동네 봉평에 머무르며 2014 평창 동계올림픽 홍보를 자청했고 101일 동안 도보로 국토대장정도 하고 영월 김삿갓 경연대회에 출전하여 수상하기도 했습니다.

2권의 시집도 추가로 출간하여 그럴싸한 출판기념회도 했었습니다.

올림픽 유치가 실패로 돌아가자 강원도 문화관광해설사로 평창군이 제공한 이효석 생가에 살면서 해설도 하고 글을 쓰면서 세월을 아끼지 못했습니다.

그러다 문득 새로운 돌파구를 열고 싶어서 독도지킴이로 독도에 가서 살겠다는 생각에 이르렀습니다. 여러 방면으로 노력했으나 받아들여지지 않아서 아예 울릉도에 가서 살면서 접근방법을 모색하려던 중 하나님께서 저를 부르셨습니다.

벧엘에 와서 주의 종 훈련을 받고 하나님 공부를 하면서 세상지식으로 가득 찬 철사 줄 머리와 '내가 누구입네' 하는 자만심이 고개를 뻣뻣하게 쳐들게 했지만 금식이 꾸준히 진행 되면서 철사 줄이 조금씩 녹아내리고 성경의 지혜가 자만심을 밀어내기 시작했습니다.

매달 정기 금식 3일은 물론이고 어딜 다녀오면 한 끼라도 씻고 일 년에 10일 이상 장기금식이 이어져 금식이 쌓여지자 내 안에서 놀라운 변화가 일어나게 되었습니다. 알량한 지식이 허무해지고 손톱만 한 명예도 부끄러워졌습니다.

그러나 금식에 대한 100% 신뢰는 다가오지 않았습니다.

저에게 직접 나타나는 확신을 경험하지 못했기 때문입니다.

그러던 어느 날 뜻하지 않은 부상을 당했습니다.

1. 금식으로 무릎을 치료 받다.(사 58:11)

2012년 속초에서 전도사로 개척교회를 하고 있을 때 전도를 가려면 차를 타지 않고 운동 겸 자전거를 타고 시내나 변두리를 다니는 일이 많았습니다. 시내 약간 내리막길을 자전거로 달리고 있는데 할머니가 운전하던 경승용차가 갑자기 튀어나왔고 저는 급히 핸들을 꺾으며 도로에 넘어졌습니다. 오리털 점퍼가 찢어지고 팔꿈치와 무릎에서 피가 흘렀습니다.

약국에 가서 지혈 등 응급처치를 하고 괜찮거니 넘어간 것이 화근이 되었고 한 달 뒤 무릎이 붓고 걸음을 걸을 수가 없었습니다.

병원을 40여일 다니며 주사와 물리치료 그리고 약을 먹어도 차도가 없어 통증클리닉에 가서 직접 환부에 주사도 맞았지만 별 효과가 없었습니다. 걱정이 앞섰습니다. 이제 나이 60인데 다리를 영영 못쓰면 어찌하나 걱정하다가 벧엘 원장님께 연락을 했더니 당장 금식을 오라하셔서 순종하는 마음으로 아픈 다리를 끌며 버스에 올랐습니다.

　3일 금식에 들어간 이틀 째 예배당에서 자정기도 하고 있는데 갑자기 무릎에서 전기가 통하는 듯 짜릿짜릿 통증이 오기 시작했습니다.

　금식 때 수술하시고 보식 때 봉합하신다더니 지금 이 통증은 혹시......

　원장님이나 다른 치료받은 분들이 한결같이 치료하실 때는 더 아프다더니 그렇다면 정말 나를 급속히 치료하고 계시는 걸까?

　이사야 58장 8, 11절 말씀이 떠올랐습니다.

　'아! 아버지께서 만지고 계시는구나. 아멘, 고쳐주옵소서'

　감사의 눈물이 흘렀습니다.

　이튿날 저는 언제 아팠냐는 듯 걷고 계단을 오르내렸습니다.

　그리고 저는 금식 전도사가 되었습니다.

　할렐루야! - 그 노랫말이 곱습니다.

2. 문학의 길을 인도 받다.

　위에서 육체가 치료 받았다면 이젠 정신적 치료 즉 소망의 터닝 포인트를 제 간증에서 빼놓을 수 없어 소개합니다.

　서문에도 언급했지만 저는 떠돌이 귀신이 오랫동안 잡고 있었던 사람인지라 벧엘에서 5년 훈련을 받고 금식이 차니까 전도여행을 떠나고 싶은 충동이 들었습니다. 아버지께 응답도 받지 않고 벧엘 캠프를 새벽에 도망쳐 천안 동면 화산 시 문학관에 몸을 맡겼습니다.

아무 계획 없이 아버지만 믿고 떠나온 발길이라 돈도 없고 별로 갈 데도 없어 문학관 뒷방에서 글 쓰고 시간 되면 라면 끓여먹고 지내다가 한 사람 두 사람 알고 만나기 시작했습니다.

병천에 가서 순대국 한 그릇 먹고 걷다가 '아! 여기가 아우내 장터지. 바로 1919년에 독립만세를 부르다 잡혀간 그리고 감옥에서 고문으로 돌아가신 바로 그 유관순 열사의 고향이고 격전지구나.'

번쩍 머릿속에 성령님께서 주시는 지혜가 떠올랐습니다.

'그래, 유관순을 쓰자. 평생을 시를 쓴다고 세상을 떠돌아 자타가 공인하는 -유랑시인 성재경- 인데 별 목적도 없이 세상을 노래한 그런 시는 이제 시집 10권으로 충분하다. 언제까지 그렇게 사랑, 이별, 눈물, 자연 그런 시만 쓰다가 죽으려느냐. 이젠 너만의 시를 쓸 때가 되지 않았느냐?'

저의 문학의 패러다임이 바뀌는 순간이었습니다.

그리고 저는 애국 시만 전문적으로 쓰는 그것도 나라를 위해 목숨을 초개처럼 버리고 산화한 영웅들을 시로 다시 노래하는 신 항일 시만 쓰는 시인으로 거듭났습니다.

그리고 제가 가르쳐 문단에 등단시킨 제자 시인들에게 통보했습니다.

남은 인생 내가 쓸 글은 조국을 위한 본격 애국시가 될 것이라고.

저에게 그런 사명을 주신 아버지를 찬양합니다.

할렐루야 - 그 노랫말이 곱습니다.

저는 생계를 위해 용돈을 벌려고 건축공사 현장에 나갔습니다.

기술이 없어 하루 종일 힘으로 일을 해야 했고 다른 사람에 비해 일당도 제일 낮았지만 기술자라는 사람들이 잡부취급하며 하대하는 것도 참고 하루도 빠지지 않고 일을 했습니다.

일하다가 갑자기 글이 생각나서 휴대폰에 메모를 할양이면 어김없이 부르는 소리 - 아저씨 이것 좀 치워줘요, 하늘을 바라보며 벧엘의 풍성한 신토불이 식탁이 그리웠지만 자유를 얻는 대가라고 생각하며 10일 쯤 일할 때였습니다.

아침에 나가보니 간밤에 비가 많이 왔는지라 장화를 신고 철판으로 만든 폼을 옮기다가 물이 찬 맨홀을 모르고 빠져버렸습니다.

1미터 20센티 깊은 맨홀에 빠지면서 오른쪽 어깨를 부딪쳤고 시티 촬영 결과 4주를 요하는 골절상을 입었습니다.

목사가 돼서 불순종한 죄를 아버지가 일차 경고한 것입니다.

보상도 못 받고 그간 번 돈으로 치료를 하며 아우내 장터를 걷던 중 시내 끝에 있는 작지만 아름답고 의미 깊은 공원 하나가 눈에 들어왔습니다. 그리고 그 공원은 나에게 또 다른 사명을 안겨 주었습니다.

저를 안내한 임채진 화산 시 문학관 관장님께 이렇게 말씀 드렸습니다. 저 공원이 내가 오기를 기다리고 있었다고.

그 공원은 원래 독립만세운동 기념공원인데 제가 이름 붙인 유관순 공원에서 매달 애국 시낭송을 하기로 하고 뜻을 함께하는 동지들을 규합했습니다.

　마치 유관순열사가 의거에 참여할 동지들을 찾아 발품을 팔았듯이 우리는 찾고 만나고 뭉쳤습니다. 그리고 현수막을 걸었습니다.

　- 유 관순 시단 정기 시낭송 - 이라고.

　작년 9월 첫 행사에 20여명이 모여 만세 부르고 뜨거운 가슴으로 시낭송 첫 대문을 연 뒤 올 2월까지 6회가 진행 되었고 3.1일 행사에 이어 4.1일은 대규모 행사를 준비 중에 있습니다.

　유관순의 선물 - 금규

　유랑시인 성재경

　아름다운 왕비 에스더여
　순결한 여인 에스더여
　유대 백성들이 위기에 처하자
　삼일 금식기도 하고 왕에게 나아갈 때
　죽으면 죽으리라
　담대히 아하수에로 왕 금 홀을 잡고
　모르드개를 앞세워 하만을 장대에 매달아
　절대 절명에서 나라를 구한
　지혜롭고 용감한 에스더 왕비여

아름다운 누님 유관순 열사여

순결한 열일곱 소녀여

나라를 **빼앗겨** 꿈을 잃어버린 조국

독립을 되찾으려 동지를 모으고

삼일 금식기도 하고 매봉산 봉화 올릴 때

죽으면 죽으리라

담대히 하늘의 금규를 구하여

아우내 장터 맨발로 떠나

고향 뒷산 초혼 묘로 돌아온 이여

이제 우리도 그날의 금규를 보았으니

언제든 나라에 위기가 오면

삼일 금식기도 후 하늘임금 우리 주님

내미시는 금 홀을 잡기 위하여

죽으면 죽으리라

담대히 나아가렵니다

참여 인원도 100명을 훌쩍 넘었고 초등학생부터 노인까지 그리고 국회의원, 도의원, 시의원, 지역 유지 기관장 외에도 서울에서 귀빈과 낭송가, 가수, 무용가 등 많은 분들이 함께하는 행사로 발전 되었습니다.

모임을 이끄는 임원도 16명으로 열정과 사회적 능력이 훌륭한 분들이 포진되어 있고 회비로 어려운 살림을 하고 있지만 그런 문제는 곧 해결 될 것입니다.

특히 유관순 종친 되시는 어르신은 유관순 시단에서 사용하라고 귀한 텃밭 400평을 기증하시며 우리를 응원하십니다.

저는 벤엘 원장님과 가족인 딸, 아들, 손자 손녀들의 친절한 권유와 아버지의 뜻에 따라 지난해 11월 다시 복귀하여 훈련에 임하고 있습니다.

목사도 죽을 때가지 훈련을 하지 않으면 사탄에게 넘어질 수 있기에 행복하고 즐겁게 훈련 같은 사역을 하고 있는 셈이지요.

물론 유관순 시단 대표의 임무를 다하기 위해 한 달에 두 번 아우내를 다녀옵니다.

이번에는 아버지께서 7일 금식을 명하셔서 순종하며 금식하고 유관순 전문 시집을 탈고했습니다. 아마도 3월에 인쇄가 들어갈 것입니다.

아버지께서 허락하시면 그 시집은 큰 파장과 여론을 몰고 올 것입니다.

그렇지 않아도 광복 70주년 기획 드라마 제작진이 유관순 시단을 촬영할 것을 통보했고 다른 방송국에서도 주목하고 있는데 이 시집이 어떤 해답을 줄 수도 있을 것입니다. 아버지의 승낙이라는 전제하에 말입니다.

이제 이 시집을 시작으로 저의 본격 애국 시는 계속 될 것입니다. 안중근, 윤봉길, 이봉창, 이 준, 최익현 의사들뿐만 아니라 임진왜란 까지 거슬러 올라가 일본과 맞싸운 수호신들의 이야기를 시로 풀어낼 생각입니다. 오랜 유랑의 날들을 거치며 많은 경험과 체험을 축적해 주신 아버지의 뜻은 저에게 이러한 사명을 감당하라는 말씀으로 받으려 합니다.

제 글속엔 성경이 바탕화면처럼 깔려있고 주님의 사랑이 호흡처럼 녹아있기 때문입니다.

저에겐 또 하나의 꿈이 있습니다.

일본에 두 번 중국에 한 번 온 노벨문학상이 한국에 오기를 갈망합니다.

몇 분 문인들이 거론 되는데 그 분들이 받아도 좋지만 저의 속내는 그 주인공이 제가 되길 소망하고 기도하고 있습니다.

마광수 선생, 최인호 선생 등 수 많은 문인들의 스승이시고 수많은 저서를 집필하신 전규태 전 연대 교수님께서 저에게 가능성을 언급하시면서 가장 한국적인 것이 가장 세계적이므로 애국 시에 매진하면 노벨문학상의 꿈을 이룰 것이라고 격려해 주셨고, 훌륭한 시인이며 교수였던 고 신동춘 선생께서도 저에게 유언처럼 그 길을 가라고 말씀 하셨습니다.

벧엘 원장님과 50명 가족들도 함께 기도로 밀어주고 있어 합력하여 선을 이루실 줄 믿습니다.

대책 없는 나그네였고 술꾼이었고 박수무당이었고 땡 중처럼 살았던 저를 하나님께서 부르지 않으셨더라면 저는 어떻게 되었을까요?

아마 술 마시고 들꽃 밭에 엎드려 죽었든지 사이비 종교 교주가 되었든지 진정한 수행자가 되지 못하고 절반은 귀신에 잡혀있고 절반은 시인인 모습으로 어딘가를 떠돌고 있을 것입니다.

초등학교 일학년 때 시골 교회에서 크리스마스 날 예루살렘을 향하여 나귀를 타고 가시던 예수님 역할을 맡으면서 하나님이 택정하셨고 고등학교 시절 동부성결교회에서 학생회장을 지냈고 결혼해서도 주일 날 답십리 성결교회에 가서 예배드렸던 저를 잊지 않고 부르신 하나님을 찬양합니다.

한 가정에서 같은 사람으로부터 세 번씩 쫓겨나고 도망치며 살아온 사람, 있어야 할 울타리 안에 머물지 못하고 늘 담 밖의 세상만 바라보며 오랜 날들을 방황한 사람을 아버지는 결코 잊지 않으시고 찾으셨습니다.

돌아온 탕자, 잃어버린 한 마리 양은 이제 아버지 집에 머물며 행복한 글쓰기에 들어갔습니다.

사랑하는 아들 딸 부부와 다윗, 솔로몬, 샛별, 나라 네 명의 손주들과 참 종으로 거듭나기 위해 산기도 자정기도 빼놓지 않고 일하며 순종하는 40여 훈련 종들과 함께......

다른 사람만을 행복하게 하기 위해 나의 행복을 잊고 사는 것은 아버지의 뜻이 아님을 알았고 내가 행복해야만 비로소 다른 사람에게 진정한 행복을 증거할 수 있다는 것도 깨달았습니다.

매일매일 사도행전이 펼쳐지고 성경대로 사는 것이 무엇이며 순종이 무엇인지를 실천하는 벧엘의 기능이 무너져가는 이 나라 기독교의 부족한 삶과 병을 치료하는 레위기 26장 1-13절의 말씀대로 돈 문제, 병 문제, 자녀 문제, 가정 문제들을 회복시켜 다시 부흥시킬 것을 믿습니다.

이 글을 쓰면서 내가 아버지께 너무 많은 사랑을 받았는데 정작 나는 원망과 불평만 하고 아무것도 드린 것이 없구나, 아버지는 얼마나 힘들고 외로우셨을까 생각하니 눈물이 맺혀옵니다.

아버지 이제 저를 기쁨의 도구로 써 주십시오.

유관순의 선물 - 터닝 포인트
　　유랑시인 성재경

당신을 처음 만난 날
가슴이 뛰었습니다
한 없이 흐르는 눈물로
끝 사랑을 고백했습니다

내가 살아온 날들이 헛것이었고
내 사랑이 너무 작았습니다

세상의 어떤 가르침보다도
당신은 위대하였기에
나 이제 사람답게 살기 위하여
당신 고난의 길 갑니다

당신은 나의 전환점이었고
내 마지막 사랑입니다

저에게 이 글을 쓰게 하시고 돌아보게 하시고 다짐하게 하시는
아버지 예수님 성령님 삼위일체 하나님을 찬양합니다.
할렐루야! - 그 노랫말이 참으로 곱습니다.

김영순 권사 (59세. 010-2750-6191)

저는 시골에 있는 교회를 30년 동안 섬긴 권사입니다.

젊었을 때부터 여러 질병과 싸움을 하다가 삶이 피폐해졌는데, 금식을 통해서 질병을 치료받았습니다. 치료받은 이야기를 잠깐 할까 합니다.

결혼을 해서 아이를 셋을 낳았습니다. 농사일로 바쁜 속에서 넷째 아이를 가지게 되었는데, 바쁜 농사일과 남편에 대한 불신으로 뱃속의 아이를 키울 힘이 없다고 생각을 해서 아이를 지우게 되었습니다. 이 일 이후부터 저는 몸이 아프기 시작했고, 온 몸에 병균이 퍼져서 죽음의 문턱까지 갔다가 예수님의 은혜로 다시 살게 되었습니다.

그런데 몸에 퍼진 병균이 류마티즈 관절염으로 나타났습니다. 팔과 다리가 관절염으로 인해 팔은 펴거나, 올리는 일이 어려워졌고, 다리는 한걸음 옮기는 것이 어려워서 다리를 질질 끌어야 했습니다. 그리고 손가락과 발가락은 굽어져서 신발은 기성화를 신을 수 없었고, 제 발 치수에 맞는 것보다 더 큰 것을 신어야 했고, 구두는 엄두도 못냈고, 행여 구두를 신더라도 발꿈치 부분을 접어서 신어야 할 정도였습니다. 그뿐만이 아니라 3차례의 교통사고 후유증으로 갑상선 저하증에 걸렸는데 목이 마르고, 몸이 차츰차츰 말라갔고, 머리카락이 빠지면서 속이 다 보일 정도였습니다. 그리고 골다공증을 겪고 있었습니다.

그러던 중에 2004년 아는 전도사님의 소개로 금식을 하게 되었습니다. 금식을 10일을 하면 뼈가 좋아지고, 20일을 하면 피가 깨끗해진다는 말씀을 듣고 하기 시작한 금식이 올해로 11년이 되었습니다.

11년 동안 매달 3일씩 금식을 하면서, 손발에 혈액순환이 되기 시작했고 몸이 간지러워지면서 차츰차츰 굳었던 근육과 뼈가 풀어지기 시작했습니다. 그뿐만 아니라 질질 끌던 발은 올라가기 시작했고 달음질까지 할 수 있게 되었고, 팔의 마디가 펴지면서 손이 등에 닿게 되어서 이제는 등을 긁을 수 있게 되었습니다. 그리고 2014년에 병원에서 갑상선과 골다공증은 치료 되었다고 의사선생님으로부터 확인을 받았습니다.

지금은 육신의 질병뿐만 아니라 원수 같았던 남편에 대한 분노가 사라졌습니다. 그리고 직장 생활을 하지 못했던 남편이 직장을 갖게 되었고, 월급을 받아와서 생활비로 사용하게 되었습니다. 예전에는 감히 생각도 못했던 일들이 금식을 통해서 저의 삶에 나타나게 되었습니다.

금식은 참으로 지옥 같은 삶을 천국으로 바꾸어 주는 아주 특효약입니다. 기도로만은 할 수 없었던 일입니다. 제가 얼마나 기도했겠습니까? 기도로만은 되지 않던 일들이 기도와 함께 하나님 기뻐하는 금식을(사 58:6) 병행했더니 이렇게 놀라운 일들이 벌어져서 지금은 행복한 나날을 보내며 하나님을 섬기고 있답니다.

행복하고 싶으신지요? 금식해 보세요! 집에서는 안 됩니다.

이곳에 오셔서 해보세요! 신기한 하나님을 만나십니다.

양모세 목사 (47세. 010-2649-3564)

할렐루야! 저는 2007년 8월 첫 주에 포천 벧엘에서, 아내와 두 딸은 3일 금식을, 저는 이틀 금식을 하고 수원에 있는 집에 내려와 아버지께서 역사하셔서 순식간에 살림을 정리하여 10일 만에 벧엘에 이사 와서 지금까지 살고 있는 양모세 목사입니다.

수원에서의 삶은 평범한 가정처럼 살아왔지만 아내는 고통에 지쳐가고 급기야 이혼준비를 하여 자격증을 따 중학교에 토요일마다 수업에 나가서 돈을 벌어오는 것을 시작으로 여러 가지를 준비하는 과정에 있었습니다.

저는 모태 신앙으로써 별 어려움 없이 신앙생활을 해 왔고 몸이 허약하여 늘 감기와 잔병을 앓아 오다가 고 2때 수련회에서 예수님을 만나고 다시 건강해졌고 25살 때 천식이 와 몇 주를 고생하다가 새벽예배에 가서 하나님께 '이 천식을 멈추게 해주시면 제가 주의 종이 되겠습니다.'라고 서원 하였습니다. 그랬더니 몇 일 안 되어서 천식이 멈추었고 그로 인해 삶이 편안해졌고 서원을 잊어버렸습니다. 그렇게 가슴 한 쪽에 접어두고 지내다 결혼을 하고 두 딸을 낳아 살아가고 있었습니다.

어느 날은 저희 아버지 생신이 되어 형님 댁에 온 식구가 모여서 형님 교회 목사님과 사모님, 전도사님이 함께 예배를 드리고 저녁을 먹고 목사님 일행은 가셨습니다. 가신 후 식구들끼리 얘기를 하다가 헤어져 집에 왔는데 어느 날 형수님께서 저에게 전화를 하셔서 서방님은 장로가 아니라 목사를 해야 된다고 여전도사님이 말씀해주신걸 저에게 전해주셨습니다.

저는 마음에 찔리는 것이 있어 알겠다고 하고 통화를 끝내고 또 그냥 흘려버린 채 살아갔습니다.

저는 약 10년 동안 택배를 하는데 돈이 모이질 않아서 왜 이럴까?? 내가 열심히 살아가는데 돈은 모이질 않고 빚만 늘어가는 것을 보면서 내 삶은 왜 이렇게 안 될까? 왜 안 풀릴까?

늘 염려만 했고 어떻게든 잘 살아보려고 몸부림치는 도중 어느 날 배가 아파 주일날 아무것도 먹지 못하고 차량운행과 주일학교 사역과 오후예배는 어떻게든 마치고 집에 왔는데 아내가 주일날도 하는 병원이 있는데 가보자 택시 타고 가서 진찰을 받았더니 의사

148

선생님이 하시는 말씀이 아주대 병원에 입원하라 하셨습니다.

그 길로 아주대 응급실에 가서 x-ray를 찍고 하루 종일 아무것도 먹지 못한 상태에서 수술을 했습니다. 수술을 하고 상처가 아물자 퇴원을 해 집에 와서 하나님께서 나에게 돈을 거두시더니 몸도 치시는구나! 라고 생각을 함과 동시에 "신학을 가야겠다."라는 생각이 마음 한 구석에 박혀 생각을 고쳐서 하게 되었습니다.

아주대 병원에서 x-ray를 찍을 때 쓸개에 담석이 3개나 있는데 그 크기가 10cm정도 크기라고 의사 선생님께서 말씀하시면서 어떻게 참았냐고 물어봤습니다. 이 정도 고통이면 한번이라도 사람을 잡는다고 하는데 참 잘 참으셨다고 이야기해서 저는 별로 아픔을 못 느꼈다고 했더니 의사 선생님이 갸우뚱하시면서 수술은 어떻게 할까요? 가슴에서 맹장까지 아니면 맹장만 할까요? 하셔서 저는 맹장만 해달라고 했습니다.

순종하면 아버지께서 고쳐주실 것을 믿고 맹장수술만 하게 되었습니다.

이런 상황에서 두 달이 지나 8월이 되어 포천에서 온 가족이 금식을 하게 되었는데 금식 중에 이곳은 꿈의 동산이라며 꿈을 꾸어야 원장님과 얘기를 할 수 있다고 말씀하셨습니다.

저는 꿈을 안 꾸는 사람인데 하루 이틀 삼일 때도 꿈을 안 꿨습니다. 하지만 사흘째 되던 날 꿈에 방앗간에 쌀을 가지고 가서 이것 좀 가루로 만들어 주세요. 라고 하고 제가 가지고 간 것은 흰 쌀이었는데 쌀가루는 쑥색이 되어 나왔습니다.

이 꿈을 원장님께 해석을 받았는데 원장님께서 '집사님은 주의 종입니다. 이제 말씀의 재료인 쌀이 이렇게 멋있게 준비 되어 있고 이것을 기계에 넣고 찌기만 해면 됩니다'라고 말씀하시면서 어느 방을 보여주면서 어느 집사님 부부가 이사 오신다고 하셔서 미리 내놓았는데 이곳에 이사 오시면 이 방을 드리겠다 하시고 3년이면 목사가 될 수 있는데 한번 해보지 않겠냐고 제안하셨지만 저는 대답 없이 그냥 집으로 돌아왔는데 하나님이 역사하셔서 이사를 오게 되었습니다.

저는 벧엘에 와서 가정이 회복되었습니다. 그래서 지금은 막내 복둥이 딸을 하나님께 선물로 받아 다섯 식구가 행복하게 살아가고 있습니다. 과거의 삶은 평범하게 보였지만 그 속에 고통과 상처, 아픔이 가득해 서로에게 상처만 주는 말들을 서슴없이 해왔지만 지금은 고통도 아픔도 상처도 금식으로 해결하여 가는 중에 있어서 가족 모두가 행복하여 웃음이 끊이질 않는 가정이 되었습니다.

저는 벧엘에 오기 전까지는 일 년에 한번 정도는 하루 내지 이틀을 아파서 교회도 못 갈 정도로 아프곤 했는데 금식을 하면 할수록 건강해지는 것을 볼 수 있습니다. 지금은 그런 정기적인 아픔은 찾아볼 수 없고 심지어 감기도 잘 안 걸리는 건강한 몸으로 만들어 주셨습니다.

또한 저는 여기 오기 전에 오른쪽 눈에 백내장이 조금씩 들어오고 있었습니다. 2~3년 지내다가 왼쪽 눈에도 시작이 되어 진행되고 있는데 금식 5~6번 하고 제 눈을 보았는데 오른쪽 눈에 심하던 백내장이 없어지고 왼쪽도 없애 주셔서 초기 현상으로 되어 자세히 보지 않으면 확실치 못할 정도로 치료해 주셨습니다. 저는 매달 금식 한 것 밖에 없는데 수술이 아니면 고칠 수 없는 백내장이 금식으로 치료 되었습니다.

금식은 만병통치약입니다. 병에서 삶까지 인격까지를 책임지고 고쳐주시는 하나님의 멋진 약인 것이지요.

금식의 멋쟁이 하나님 화이팅!

하나님 아버지 예수님 성령님께 영광을 돌립니다.

사랑합니다!

이정민 목사 (47세. 010-7181-8521)

"이 지혜는 이 세대의 통치자들이 한 사람도 알지 못하였나니
만일 알았더라면 영광의 주를 십자가에 못 박지 아니하였으리라"
(고전 2:8)

불신자 가정에서 예수님을 알지도 못하고 자라다가 외국에서
예수님을 영접하고 집사로 섬겼고 지금은 벧엘 금식기도원교회
에서 9년째 훈련을 받으면서 부원장 목사로 사역하고 있습니다.

어렸을 때부터 '움직이는 종합병원'이라고 불릴 정도로 갖가지
의 잔병과 큰 병을 앓아왔었습니다. 일반적으로 감기를 가볍게 보
는데 제게 감기는 아주 고통스러운 지병이었습니다.

개도 안 걸린다는 5, 6월 감기까지 달고 살다보니 저의 등교 길

의 필수 아이템은 '티슈' 이것마저 없을 때는 좀 '저렴해 보이는 두루마리 휴지'라도 꼭 가방에 챙겨넣어야했고 꽃다운 대학생 시절에도 핸드백에 휴지는 언제나 빼놓을 수 없었습니다. 그냥 흘러내리는 콧물 때문에 휴지를 말아 코에 끼고 있었던 모습은 생각만 해도 스타일 안 나는 상황이었습니다.

거기다 중학교 2학년 때 앓았던 폐결핵은 대학에 붙었는데 합격 보류 대상이 되는 위기에 저를 몰아넣었습니다.

폐결핵은 치료 후에도 흔적이 남아 있어서 신체검사 중 엑스레이 촬영 때 발견 되어 매 달 정기적으로 학교 양호실에서 검사를 받는다는 조건으로 입학 허가를 받고 무사히 대학을 졸업할 수 있게 되었습니다.

또 하나의 병명은 무기력증입니다. 우울증이라고 볼 수 있는데, 조금의 움직임과 노동에 쉽게 피로를 느끼고 반면 정신력은 강해서 무슨 일을 할 때는 밀어 붙이는데 그 일을 마무리하는 동시에 그냥 쓰러졌었습니다. 그냥 잠 속으로 빠져들었던 것입니다. 하루 13시간, 15시간, 24시간 잠을 자고 나서도 온 몸에는 오히려 피로가 더 누적되었던 정말 '다크 써클' 같은 나의 삶이었습니다.

그런 여러 가지 정신적, 육신적 모든 병들은 다달이 하는 금식과 나의 비 인격을 성경 말씀, 성령님께서 주시는 꿈과 환상, 훈계를 통해 조금씩 고쳐나가는 만큼 치료를 받았습니다.

5, 6월에도 안 걸리는 감기로 스타일 나지 않았던 삶은 이제 감

기 기운만 있으면 얼른 하루의 삶을 돌아보면서 밤 기도 때 회개하고 치료를 간구하면, 예수님께서 콧물, 목감기 등을 치료해서 다음날 가뿐히 스타일 나게 살게 해주십니다.

폐결핵을 앓았던 나는 아주 건강하게 숨을 쉬면서 살고 있고 무기력증은 사라지고 하루에 3~4시간만 자고 일어나도 피로가 완전히 풀려서 활기찬 하루를 살고 있습니다.

그리고 여자로서 참 밝히기 어려운 병이 있었는데... 치질이 참 심했었습니다. 경험해보신 분들은 아시겠지만 이 치질이 유난히 추운 겨울만 되면 기승을 부리는데, 얼마나 아픈지 이루 말할 수 없었습니다. 좌약, 연고, 온찜질 등 안 해본 게 없었습니다. 너무 적나라하게 그 아픔의 과정을 설명하자면 좀 부끄럽기에 할 말은 정말! 정말! 아팠다는 것입니다. 이젠 아무리 춥고 피곤하고 조금 식사를 불규칙적으로 해도 조금 불편하다 할 정도지 내가 치질 환자였었던 것을 잊어버리고 살고 있습니다.

그런데 이번에 병 치료 간증을 쓰면서 성령께서 기억나게 해주셔서 이렇게 적게 되었습니다.

이렇게 여러 가지 병을 앓았음에도 이것만은 걸리지 않을 거라고 자신했던 암을 앓았었습니다. 그것도 유방암 판정을 받았습니다. 암을 경험한 분들은 공감하시겠지만 암 판정을 받았을 때 첫 번째 드는 생각은 '황당함'이었습니다. 정말 황당했습니다. 그 때만 생각하면 웃음이 납니다.

현실로 받아들이지 않으려는 나의 몸부림이었던 것 같습니다. 그런데 시간이 지나면서 그 황당함은 '두려움'으로 바뀝니다.

그 두려움의 무게감은 굉장합니다. 자고 일어나면 나는 언제 죽을지도 모르는 암 환자가 되어 있었습니다. 그것도 40대 초반에...

가슴을 완전히 들어내는 수술을 할 것이냐? 믿음의 금식으로 치유를 받을 것이냐? 나의 선택이었습니다. 오랜 고민이 필요하지 않았습니다.

나는 금식기도원 사명자로서 내가 내 몸을 금식으로 치유 받지 못한다면 이 일을 할 수 없기 때문에, 사실 나에게는 선택권이 없는 상황이었습니다. 그래서 11일 금식을 했는데, 나에게는 그 병의 무게감으로 믿음은 더 약해져갔고 흔들렸습니다.

히브리서 11장의 말씀을 읽으면서 믿음의 선진들의 행위가 큰 도전이 되어서 다시 21일 금식을 결심하고 실행에 옮기면서 남편, 양가 부모님, 형제 그리고 벧엘 금식기도원교회 식구들의 하루 금식과 헌금을 하나님이 받아주셔서 온전히 치유 받았습니다.

금식 중에 꿈으로 암의 원인이 바로 '교만'과 '식습관'이라고 알려주셔서 하나님이 기뻐하는 금식, 회개와 용서를 하고 나의 교만을 내려놓고 겸손히 살기 위해 언행을 바꾸고 생각을 전환했고 정해진 시간에 규칙적인 식습관과 절제된 식단을 통해 건강한 몸으로 회복 받았고 지금도 가슴엔 흔적이 남아있어서 영적으로 더러운 장소에 갔다 오거나 피곤한 일이 겹치면 가슴이 딱딱하게 멍든 것처럼 부풀어 오르지만 두 끼 정도의 금식을 하면 언제 그랬나싶게 가라앉는 치유를 경험하고 있습니다.

성령님께서는 조상의 우상 숭배와(출20:5) 나의 죄로 만들어진 큰 성에 우상이 무너지면서 제가 감당해야했던 보응이라고 꿈으로 보여주시면서 위로와 용기를 주셨고, 성경의 인물 중에 야곱을 생각나게 하셨습니다.

야곱은 얍복 나루에서 식솔들을 다 건너게 하고 홀로 남아 어떤 사람과 날이 새도록 씨름을 하다가 그가 허벅지관절을 치매 어긋나서 절고 다녔듯이(창31:24-32) 저는 주의 종으로서 순종하고 내 안의 사단 마귀 귀신을 내쫓으려고 참으로 수년 동안 씨름을 하는 중에 '얻어맞게 된 암'을 아버지, 예수님, 성령님은 긍휼함으로 치유해 주셨고 그 흔적도 눌러 주셔서 건강하고 아름다운 가슴을 가진 여성으로 살게 해주셨습니다.

이 흔적도 차차 완전히 없애주시리라 믿고 오늘도 행복하게 살고 있습니다.

또한 사라, 리브가, 한나에게 허락하신 아기를 저에게도 주셔서 온전한 구원을 이루실 거라고 믿고 오늘 내게 주어진 사명을 감당하면서 살아가고 있습니다.

지금 어디선가 생각지도 못한 병으로 제가 겪었던 아픔과 두려움의 시간을 보내시면서 하늘을 원망하고 사람을 원망하고, 끊임없이 원망할 상대를 찾으면서 혼자 암흑 속에 갇혀계신 분이 계시다면 저는 자신 있게 말할 수 있습니다.

"벧엘 금식기도원교회로 오셔서 하나님이 기뻐하시는 금식을 하고 순종하십시오!"

그러면 새로운 생명을 얻고 치유 받아 건강하고 행복한 삶을 살고 이 땅에서도 천국을 경험할 수 있습니다.

장인경 전도사 (40세. 010-8936-1588)

할렐루야! 저는 벧엘 금식기도원 교회에서 사역하고 있는 전도사 장인경입니다 .

저는 청년 때부터 원장님을 알게 되어 지금까지 함께 살고 있습니다.

원장님과 저는 인연이 참 깊습니다. 제가 원장님과 함께 살다가 원장님의 조카가 시골에서 올라온다고 하여서 직장이 위치하는 오산으로 이사를 해주셨습니다. 그리고는 연락이 안 되어 몇 년이 지난 후에 청년 때 같이 알게 되었던 집사님의 연락처가 있어서 원장님을 여쭤보았는데 그분께서 원장님이 포천에 기도원을 하고 계신다고 하여서 연락처를 받게 되었습니다.

전화를 하고 눈물이 쏟아져 말을 많이 하지 못하고 다음에 다시 전화를 하겠다고 말씀을 드리고 끊었습니다.

저는 예수를 믿지 않는 남편을 만나 참으로 힘든 생활을 하고 있었습니다. 너무나 갈급하였을 때 항상 내 옆에 계신 하나님이 아이들을 통하여서 깨달음을 주시고 언제나 힘을 주셔서 항상 살아가게 하셨습니다. 그러던 어느 날 저에게 시련이 닥쳐왔습니다. 그 시련은 바로 두 아이의 엄마가 이혼을 하게 된 것입니다. 갈 곳이 없는 저는 어느 집사님께서 이런 힘든 시기에는 기도원 가서 기도를 해보라고 하였는데 저에게는 아는 기도원이 전혀 없었습니다. 그런데 갑자기 원장님이 생각나서 전화를 하고 그 곳을 찾아가게 되었습니다.

아버지께서 저에게 10일 금식을 명하셔서 제가 금식하며 이곳에서 훈련받게 되었습니다. 때로는 아이들 생각에 눈물도 나고 힘들어 했을 때에는 항상 아버지께서 아이들을 보여 주시면서 내가 잘하면 너희 아이들은 내가 지켜주겠다고 말씀 하셨습니다. 2년이 지날 쯤 남편과 다시 연락이 닿아 아이들 소식도 알고 남편이 부모님과 다투고 힘이 들 때마다 아이들을 데리고 와주었습니다. 그러다 그렇게 반복이 몇 차례 이어진 후에 아이들을 다시 데려가곤 하였습니다. 저도 너무 힘들고 아이들도 많이 힘들어 다시 가정으로 돌아가게 되었습니다.

그러곤 8년이 흐르고 믿지 않는 남편을 두고 아이들과 저는 다시 이 곳 벧엘로 오게 되었습니다. 하지만 남편은 믿지 않는 사람이라 어떻게 데려와야 할까 많은 기도를 하였습니다.

저희 벧엘은 1월 1일부터 6주간 산 기도를 하고 있습니다.

기도 제목은 저희 남편이 벧엘에 오기를 간절히 기도했습니다. 그래도 남편의 움직임은 없었습니다. 한 해가 지나고 두 해째 산 기도에서 남편을 놓고 또 기도하였습니다. 그런데 저에게 남편이 불쌍하다면서 갑자기 다시 내려가 남편을 이 곳 벧엘로 데려와야 겠다는 생각이 들게 하셔서 원장님께 말씀드리고 다시 집으로 돌아가게 되었습니다.

원장님은 저희에게 너희는 6개월 있다 오라고 하시는 것이었습니다. 우리는 다시 집으로 내려가서 남편의 움직임을 보고 기다렸습니다. 그러던 어느 날 운전해서 먹고 사는 집에 남편의 운전면허가 취소 되고 할 일을 잃고 직장 생활할까? 이런 저런 생각을 많이 하고 있는 도중에 우리는 다시 벧엘에 간다고 하니 남편은 뒤집어지고 많은 날을 싸움만 하고 하루하루가 힘들었습니다.

그러던 어느 날 남편이 저에게 조건을 걸었습니다. 본인이 기름 값을 대줄테니까 매일 출퇴근해서 훈련을 받으라고 말입니다. 저는 너무 힘들어 그냥 아이들과 함께 벧엘에 간다고 하니까 아이들은 절대 안 된다면서 가려거든 혼자가라고 했습니다. 몰래 가려고 하는데 남편이 술 한잔 하고 와서 그래! 함께 가자! 라고 말하면서 집도 빼고 이 곳 벧엘로 이사 오게 되었습니다.

2014년 8월쯤 와서 첫 번째 금식도 하고 꿈쟁이 남편으로 잘 훈련받고 있습니다. 그런데 어느 날 제가 산부인과에 가게 되었습니다. 암 검사를 한 번도 한 적이 없어 검사를 한 번 하라고 해서 검사를 했는데 염색체가 이상하다고 재검사를 해보라고해서 다시 했습니다. 자궁에 혹이 있다면서 암일 확률이 있다고 하였습니다. 그래서 저는 5일 금식을 하는데 남편이 꿈을 꿨는데 내 자궁에서 더러운 것이 세수 대야에 하나 가득 나왔다고 아버지가 치료해주신다고 보여주셨습니다.

몇 일이 지난 후 병원에 가서 결과를 보았습니다. 혹이 자라지 않는 혹이라는 것이었습니다. 우리 아버지가 치료해 주신 것 이었습니다.

지금의 저의 남편은 아버지께 순종하여 다달이 금식하면서 술과 담배를 끊고 아버지가 보여주신 일을 기대하고 하루하루를 즐겁게 훈련받고 있습니다. 주의 종이 되기 위해서 술 때문에 고통을 당하시는 분들이 계시다면 오셔서 금식하세요.

행복한 가정을 가질 수 있답니다. 화이팅! 사랑합니다.

고여인 전도사 (27세. 010-4754-0149)

할렐루야! 저는 벧엘기도원을 통해 금식을 알게 된 지 6년차인 전도사입니다. 저를 간단히 소개 하자면 89년생으로 올해 27살 된 여종입니다. 저는 2009년 처음 벧엘을 통해 금식을 접했습니다. 2010년에 벧엘 기도원으로 이사를 했고 그해 대학에 입학해 2013년까지 대학을 다녔고 지금까지 기도원에서 사역을 하고 있는 중입니다.

학교를 다닐 때는 평일에는 학교에, 주말과 방학에는 기도원에 있었고 졸업을 한 후로는 지금까지 기도원에 있습니다.

제가 간증하고 싶은 내용은 제 나이 또래를 비롯한 저보다 어린 청춘의 시기에 자신의 비전을 두고 고민을 하고 있는 청년들에게 이 내용을 전하고 싶습니다. 금식은 건강이나 가정의 문제 등 여러 문제들을 해결해 줍니다. 하지만 제 또래의 청년들 그리고 청년의 자녀를 두신 부모님들의 또 하나의 걱정은 앞으로의 계획입니다. 요즘 청년들에게 가장 고민되는 일은 앞으로의 진로입니다. 제가 중학교 고등학교 때 진로 상담이라는 것이 한창 유행을 했고 그 나이 또래에는 입시를 비롯해 자신의 꿈을 두고 고민을 하는 10대 20대 들이 많이 있습니다.

저 또한 그런 고민을 정말 많이 했었고 어쩌면 그 고민은 평생 가야 할 고민인 것 같지만 저는 금식을 접하고 난 후 그 고민의 무게가 어마어마하게 줄어들었습니다. 왜냐하면 금식은 나를 깨끗이 씻어 하늘에 계신 아버지와 가깝게 만들고 통할 수 있게 해주는 기능이기 때문입니다. 저는 그 기능을 통해 제가 정말 좋아하는 일이 무엇인지 깨달았고 그 일을 평생하며 행복하게 살 수 있는 삶이 열렸습니다.

저 또한 어느 고3들과 다를 바 없었습니다. 성적에 맞추어 대학 원서를 넣어보다가 잘되지 않아 직장에 들어갔고 직장생활을 하며 대학에 다니는 친구들을 부러워하며 살고 있었습니다. 그런 저에게 취미가 있었는데 저는 노래하는 것을 굉장히 좋아하는 사람입니다. 어렸을 때부터 할머니를 통해서 동네에서도 노래를 불렀고 또 교회에서도 찬양활동을 하며 항상 노래를 즐겨 부르곤 했습니다. 하지만 그것을 전공으로 해야겠다는 생각을 전혀 하지 못하고 있었습니다. 음악은 특별한 사람들만 하는 것이라고 생각했기 때문이었습니다.

그리고 저는 직장생활을 하며 기술자격증을 취하거나 공무원시험을 봐서 안정적인 직장을 잡아야겠다라는 생각뿐이었습니다. 저의 진로를 그냥 삶의 무게 속에 묻어 버렸습니다. 그래서인지 저는 직장생활을 하며 열등감과 낙심하는 마음에 사로 잡혀 우울증 초기증세까지 도달해 있었습니다. 아침에 눈을 뜨면 그냥 눈물이 주르륵 흘러내리는 상태였기 때문입니다. 그러던 어느 날 벧엘을 통해 금식을 접하게 되었습니다. 그리고 금식을 시작함과 동시에 저는 성악 교수님을 만나게 되었습니다. 정말 기적 같은 일이 벌어졌습니다.

교수님과 원장님과 아버지의 몇 번의 대화 후 저는 레슨을 받게 되었고 저는 2달 만에 입시를 준비하여 대전에 있는 침례신학대학교 교회음악과 성악전공에 입학하게 되었습니다.

입학했을 당시 저는 두 번의 금식을 했습니다. 이 모든 일이 너무 순식간에 일어난 일이라 정신을 차려보니 저는 학교 입학식에 가 있었습니다. 그리고 저는 깨달았습니다. 금식의 기능은 나의 간절한 소망을 아버지께 전달하는데 확실한 효과가 있구나! 란 것을 말입니다.(사 58:9). 그리고 아버지의 뜻을 내가 알 수 있는 방법이구나! 란 것도 알게 되었습니다.

학교만 다닌다고 해서 노래실력이 늘지 않습니다.

1학년 때 저는 부끄럽지만 실기시험을 통해 제 노래실력이 꼴등이란 것을 알게 되었습니다. 그리고 방학을 하게 되었습니다. 다른 친구들은 방학이면 더욱 새로운 학문을 배우고 레슨을 받고 연주회를 다니며 실력을 키워나갑니다. 하지만 저는 방학동안 기도원에서 봉사하며 금식을 했습니다. 처음에는 원망 불평이 많았습니다. "1분이라도 더 연습을 해도 모자랄 판국에 난 여기서 굶고 있고 밭과 식당에서 봉사를 하다니......"라는 생각에 사로잡혀 행복하지 않았습니다. 하지만 방학동안 한 달에 한번씩 3일의 금식을 하고 2학기가 개강했습니다. 그리고 다시 노래 시험을 쳤습니다. 그런데 제 노래실력이 조금 늘었다는 것을 느낄 수 있었습니다. 금식을 통해 정말 좋은 교수님을 만나게 해 주셨고 그리고 저의 실력 또한 조금씩 늘려주신 것입니다. 그렇게 방학 때마다 저는 금식을 꾸준히 했고 학기 중에는 한 달에 하루 금식을 꾸준히 했습니다. 저의 노래실력은 처음 보다 꽤 많이 늘었습니다. 그래서 무사히 졸업을 하였습니다. 저는 학교를 입학시켜주신 것도 금식하는 저의 모습을 이쁘게 봐주신 하나님께서 해주셨고 진로 또한 인도하신다는 것을 알게 되었습니다.

  학교를 다니는 동안 친구들은 졸업 후의 진로로 엄청 고민을 했습니다. 하지만 저는 걱정이 없었습니다. 왜냐하면 저는 이미 금식을 하면서 응답을 모두 받았기 때문입니다. 저의 금식을 기뻐받으시고 제가 주의 종이란 것도 알려주시고 찬양으로 하나님을 섬겨야한다는 것도 모두 알려주셨습니다. 그래서 저는 그 길을 가겠다는 확실한 비전이 있었기 때문에 다른 사람들이 고민하는 동안 저는 앞만 보고 전진할 수 있었습니다.

졸업 후에 하나님 아버지의 은혜로 영서학교를 다니며 레슨을 계속 받을 수 있는 기회를 얻었습니다. 금식을 통해 만나게 해주신 훌륭한 교수님께 입시 때부터 졸업 후 지금까지 레슨을 받을 수 있다는 것이 얼마나 큰 은혜인지요. 최근에는 이런 일이 있었습니다. 노래를 하다보면 좌절을 할 때도 있습니다.

나의 실력이 멈춰서 발전되지 않고 오히려 뒤로 후퇴하는 느낌을 받을 때면 노래하는 사람으로 절망감에 빠지게 됩니다.

저에게 2014년 연말은 그런 시기였습니다. 저는 하나님 은혜로 건강은 타고 났습니다. 그래서 아픈 곳 없이 26년 행복하게 살았었는데 저에게 노래에 대한 딜레마가 찾아 온 것입니다.

그런데 그 여파가 너무 강하게 다가왔는지 감기 몸살에 병이 나버렸습니다. 사람이 정신적인 것이 힘들면 병이 난다더니 이런 경험은 제 인생에서 처음 있었던 일이었습니다.

학교 입학 전 우울증 초기 증세 때도 감정만 우울했지 병은 안 났었는데 이런 일은 정말 처음 있는 일이었습니다. 이런 저에게 하나님은 7일의 금식을 명하셨습니다. 7일의 금식동안 많은 생각을 하게 하셨습니다. 저에게는 실제로는 잘 하지도 못하면서 남에게 피해를 주면 안 된다는 강한 생각이 있습니다. 그런데 이 생각이 이상한 쪽으로 잡혀 당연히 해야 할 질문도 피해를 줄까봐 하지 못하는 이상한 귀신이 있었습니다. 그런데 이 7일의 금식을 통해 이 귀신이 나갔는지 원장님께도 가서 질문도 해보고 교수님께도 가서 저의 노래에 대해 고민 상담을 하게 되었습니다. 그 금식을 통해 아버지께서 깨닫게 해주시고 교수님과의 상담을 통해 노래 딜레마가 사라졌습니다. 그래서 지금은 다시 신나게 하나님께 찬양을 하고 있습니다.

열등감에 사로잡혀 어디로 가야할지 모르는 나의 인생의 길을 잡아 비전을 보여주시고 절망에 빠진 나를 건져 정신과 건강을 치료할 수 있는 기능인 금식을 알게 해주신 벧엘의 하나님께 영광을 돌립니다.

저는 확신합니다. 나를 깨끗이 씻어 하나님과 가까워지니 하나님의 뜻이 무엇인지 알게 되고 그 길을 따라가기만 하면 된다는 것을 말입니다.

방황하고 있는 젊은 청춘들에게 그리고 그러한 자녀를 두신 부모님들께 저는 금식을 적극 추천합니다.

가족 모두를 행복하게 해주는 것이 금식입니다.

사랑합니다.

고영한 전도사 (26세. 010-7180-4944)

저는 먹는 걸 참 좋아합니다. 맛있는 음식을 먹는다는 것은 행복
한 일입니다. 저는 운동도 좋아하는데 그 이유 중 하나가 체중관
리를 해서 먹고 싶은 음식을 못 먹는 일이 없도록 하기 위해서입
니다. 이렇게 먹는 걸 좋아하지만 더러움을 씻어내고, 나를 변화
시키며, 성령 충만함을 유지하기 위해 한 달에 한번씩 3일 또는 2
일씩 금식을 꼭 합니다. 안 먹는다는 것이 저에게는 고통이자 큰
참을성을 요구하는 일이지만 벌써 4년 정도 꾸준하게 금식을 했
습니다.

저는 2009년에 이곳 벧엘 금식기도원에 처음 왔습니다.
그때는 고등학교 졸업을 앞두고 아빠의 권유로 3일 금식을 하려

고 왔었습니다. 그 후 대학진학에 실패하고 재수를 하기로 결정해 어떻게 공부를 할까 고민하던 중, 기도원에서 세상과 단절하고 공부에만 집중하라는 엄마의 권유로 기도원에 들어와 이번에는 적어도 내가 만족할 수 있는 대학에 가서 재미있는 대학 생활을 하리라는 생각으로 기도원의 생활을 시작했습니다. 그런데 참 기도원에서 공부한다는 것이 쉬운 것이 아니었습니다. 하루 3번 예배를 드리고, 한 달에 한번 금식하고, 기도원에서 일을 하는데 좀 나와서 도와달라는 눈치를 주고, 혼자 쓰는 방도 아니라 여러 가지로 신경 쓰이는 부분도 많고, 학교와 여러 사람의 눈에서 벗어나 자유스러워진 느낌도 있어서 공부에 집중하기 어려웠습니다. 그래도 차차 적응해 가면서 기도원 생활을 지속했습니다.

그러던 중에 꿈을 꿨는데 갑자기 저에게 주의 종을 하라는 말이 나왔습니다. 제가 있는 이곳 벧엘은 꿈을 해석하고 분별하여 하나님의 뜻을 찾고 순종하는 곳입니다. 그래서 아무생각 없이 꿈을 꿔서 해석을 받았는데 저를 당황하게 하는 해석이 나온 겁니다. 이것 때문에 처음에는 아빠와 많은 대화를 나누었습니다. 그리고 평소보다 많은 기도도 했습니다. 그러다가 수능시험을 치루고 처음엔 생각도 없는 신학교를 가게 됐고 지금은 전도사 생활을 하고 있습니다.

기도원의 분위기에 휩쓸려 목회자의 길을 선택한 것이 아니고, 주변 사람들의 권유에 선택한 것도 아니었습니다. 단지 하나님의 뜻이라면 따라야한다는 저의 믿음과, 하나님에 대한 두려움이 있었습니다. 그리고 이렇게 순종하면 먹고 입는 것은 물론이고 잘 살 수 있을 거라는 막연한 생각이 있었습니다.

그러나 금식을 꾸준히 하고 성경을 보고 사람들과 화평을(고후 5:18) 이루는 법이라든지 유덕해지는(잠11:16) 법이라든지 사랑하는 법 등을 훈련 받으면서 이제는 막연한 생각에서 벗어나 주의 종의 길을 가는 것을 사명으로 생각하고 금식과 하나님의 소통을 중요시하는 목사가 되어야겠다고 생각하고 있습니다.

제가 금식을 중요하게 생각하게 된 이유는 나를 알게 되고, 하나님을 알게 되기 때문입니다.

어떻게 보면 하나님이 아니더라도 나를 본다는 것이 쉬운 거 같고 별거 아닌 것 같지만 아주 어렵고 중요한 일입니다.

성경에서 남 때문에 구원을 받고, 복을 받고, 저주를 받는 것이 아니라 나 때문에 모든 것이 이루어진다고 말하기 때문입니다. 그래서 나 자신을 알아 고치고 순종의 자리에 가는 것이 중요한데 많은 사람이 자신을 알고 고친다는 것을 못하고 있습니다. 그래서 저는 나 자신을 볼 수 있는 은혜를 받게 해준 금식이라는 기능을 말하고 싶은 겁니다.

저는 모태 신앙으로 태어나서 주일은 무조건 교회에 가서 생활했습니다. 만약에 국가자격증 시험이나, 아프거나, 어쩔 수 없는 사정 같은 것 때문에 주일에 교회를 가지 못하거나 늦게 가게 되면 그것처럼 어색하고 불편한 느낌이 들 정도였습니다.

그리고 교회에서 배운 대로 실천하기 위해서 나름대로 노력하고, 교회 행사가 있으면 참여하고 준비하고, 교회 찬양단이나 성가대 같은 것에도 들어가서 봉사하고 섬기는 신실한 성도였습니다. 그래서인지 이정도면 다른 사람들 보다는 큰 믿음을 가지고 있는 거 같다는 생각을 했고 이 이상의 믿음과 지식을 갖기 위해서 딱히 노력할 필요를 느끼지 못했습니다.

그런데 이렇게 신앙생활을 하면서 저는 가끔씩 '하나님이 정말 있는 거야? 나는 진짜 믿음이 있는 거야? 나는 정말 그리스도를 사랑하고 있는 거야?'라는 엉뚱한 고민을 했었습니다.

내 삶에 많은 시간을 신앙생활에 할애했으면서, 친구들을 전도하려고 했으면서, 내 입으로 주위사람들에게 신실한 크리스천이라고 말하면서 말입니다. 이런 고민은 하나님을 바르게 알지 못하고 내가 어떤 상태인지 파악하지 못해서 나타나는 현상이었습니다. 하나님을 아는 지식이 없기에 자꾸만 샛길로 빠지고 빛에서 어둠의 길로 갔던 것이고, 나를 모르니 회개하지 못해 죄라는 벽이 저와 하나님을 갈라놓은 것이었습니다.

제가 무슨 말을 하고 싶은지 느낌이 오실 겁니다. 맞습니다.

저는 이런 엉뚱한 고민을 금식을 하면서 하나님과 소통을 하면서 해결하고 있습니다. 이 고민은 아직도 해결을 하는 과정에 있습니다. 마치 수많은 퍼즐을 하나씩 맞추고 있는 느낌이 들기도 합니다. 4년을 넘게 금식했는데 아직도 해결이 안 되냐고 말할 수 있습니다. 하지만 못하는 것보다는 낫지 않습니까?

저는 금식을 하면서 저를 돌아보게 됩니다. 무엇이 문제이고, 무엇을 잘 못하고 있고, 어떻게 해야 하는가 질문합니다. 이 질문에 언제나 그렇듯 쉽게 대답하기 어렵습니다. 그래도 하나님을 기쁘게 하는 금식은 저에게 잊었던 잘못이나 평소에 보지 못했던 부분들까지도 알 수 있게 합니다.

그리고 꿈과 환상이라는 방법을 통해 하나님과 소통하여 나를 더욱더 알게 됩니다. 그리고 이렇게 금식하면 영적으로 깨끗해져서인지 내 자신을 하나님이 기뻐하는 자리로 이끄는 것이 쉬워집니다. 성경을 보더라도 더 깊게 들어갈 수 있고 전에는 보이지 않는 진리들이 보이기 시작합니다. 그러면서 하나님을 아는 지식이 점점 쌓이기 시작합니다. 하나님을 경외하는 지혜자로 변화하기 시작합니다.

남들은 간증을 할 때 금식하면 병을 치유 받았다고, 하는 일이 잘 된다고, 가정에 행복이 왔다고 말합니다. 금식으로 커다란 사건들이 해결되는 모습들을 많이 얘기하면서 하나님의 위대하고 놀라우심을 말합니다. 저 역시 금식의 좋은 효과들을 말하고 싶어 눈에 보이고, 피부에 와 닿는 느낌이 있고, 큰 사건에 해결되는 간증거리들을 말하고 싶지만 그럴게 없습니다. 정말로 감사하게도 많은 죄를 짓고, 실천이 없고, 멍청하고, 부족하지만 하나님이 처음부터 건강을 주셨고, 화평을 주셔서 고통이 된다는 큰 문제들이

172

없었습니다.

저는 금식하면서 단지 저에게 있어 심각하고 중요한 문제를 해결 받고 있습니다. 제가 믿음을 지키고 살아가는데 있어서 정말 중요한 문제라고 생각하고 구원을 받느냐, 못 받느냐의 문제라고 생각합니다. 그렇기에 저에게 금식은 구원으로 인도하는 수단이 되었고 나와 같은 길을 걷는 자들에게 확실한 구원으로 인도하는 수단이 될 수 있다고 생각했습니다.

원래 크고 놀라운 일들은 사소하고 작은 일에서부터 시작된다고 알고 있습니다. 금식으로 나와 하나님을 바르게 알게 되는 작은 변화가 생긴다면 하나님의 계획안에서 크게 쓰이지 않을까요? 이 글을 읽은 저와 여러분 하나님 기뻐하는 금식을 통하여 모두 작은 변화로 하나님께 영광 돌리는 복된 자들이 되길 소망합니다.

유주현 전도사 (28세. 최미화 목사님 아들, 010-9779-5725)

할렐루야! 저는 이곳 벧엘 금식기도원에서 나의 잘못된 말과 행동, 인격을 성경이 원하는 행위대로 고치고 내 주권을 하나님께 맡기고 그분의 뜻에 순종하는 훈련을 받고 있는 유주현 전도사입니다.

처음 이곳을 알게 된 이유는 어머니 덕분이었습니다.

교회에서 목사님과 성도들이 다투는 것에 실망하고 또한 아무리 섬기고 봉사해도 복은 받아지지 않고 항상 아프고 힘들고 행복하지 않는 삶을 살던 어머니는 성경에서 원하는 인격과 반대되는 나를 고치고 금식을 통해 나를 거룩하게 하면 성령님이 내 안에 임하시고 복을 받는다는 이곳에서 금식을 하게 되었고 자연스럽게 저도 어머니를 따라 금식을 하게 되었습니다.

    2008년도에 처음 이곳에 온 저는 2011년 군 제대 후 본격적으로 금식을 하게 되었습니다. 금식을 하기 전에는 불면증이 조금 있었고 표면적으로는 부모님이 사이가 좋았으나 내면은 서로 담을 쌓고 사셨습니다. 저는 잠을 잘 때마다 잠이 안 들어서 고생하고 잠들어도 4시간 정도 자며 항상 피곤했는데 금식을 5번쯤을 하니 잠이 드는 시간이 점점 단축됐습니다.

    그러면서 계속 금식을 쌓으니 어느 날 하나님께서 제가 잠을 못자게 된 이유, 나에게 숨겨져 있던 고통을 알게 하시고 나서 저는 처음으로 12시간을 자게 되고 점점 잠에서 자유로워졌습니다. 제가 잠을 못자는 고통에서 자유로워질 때 부모님은 이혼을 결심했던 마음이 서서히 사라지고 서로 이해하기 시작했습니다.

    병원을 가도 병명을 알 수 없었던 어머니는 금식을 2년, 3년 점차 할수록 아팠던 곳들이 치유가 되었고 가정을 뒤로 하고 대부분 일에 빠져 살던 아버지는 가정을 돌아보게 되었습니다. 지금은 부모님과 제가 대화하며 서로의 의견을 존중하며 두 분이 서로에게 잘하기 위해 최선을 다해 노력합니다.

    조금 더 인내하고 배려하고 행복하기 위해 조금 희생하며 필요한 말은 그때그때 표현하며 하나가 되어 가고 있습니다.

    저에게 별다른 병은 없었지만 잠에 대해 고통이 사라지고 하나가 될 수 없었던 가정이 하나가 돼서 서로를 인정하고 이해하며 행복해진 것이(신10:13) 금식을 통한 하나님의 기적이십니다. 이런 기적을 통해 이곳 벧엘 금식기도원교회에 훈련을 받으러 들어

오게 되었고 저는 이전에 나를 포장하고 속은 감춘 채 살아가던 모습을 버리고 감춰진 저를 찾고 있습니다.

예의 바르고 착하고 사람과 두루 친했던 저는 이곳에서 성경에 비추어 제 자신을 보니 무례하고 폭력적이고 싸늘한 면을 보게 되었습니다. 나를 포장할 때는 내 행복도 포장되어 있었으나 지금 제 자신을 바로 알고 그것을 하나하나 성경이 원하는 대로 바꾸는 작업을 해 나갈 때마다 조금씩 불행했던 제가 행복해지고 있습니다.

하나님이 내게 원하시는 것이 무엇인지 성경을 가지고 꿈과 환상을 통해, 그리고 하루에 기도와 예배를 통해 순종하기 위해 애쓰고 나를 깨끗하고 거룩하게 하기 위해 금식을 통해 나의 잘못을 회개하고 미워하는 사람들을 용서하고 명철함으로 나를 봐서 나의 더러운 인격과 말과 행동을 고칠 때에 참 자유와 행복이 저에게 온다는 것을 알고 그것을 위해 오늘 하루도 애쓰며 나아가고 있습니다.

여러분도 금식을 통해 병이 치유 받고(사58:8) 내 삶이 행복해지고 하나님의 기적을 매순간 내 삶에서 보며 예수님 기뻐하시는 것을 만나며 성령님의 일하심에 놀라는 삶이 되시기를 소망하며 금식을 간절히 권합니다.

이순미 전도사 (52세. 010-5534-0149)

저는 이곳 벧엘에 들어와서 훈련을 받고 있는 전도사입니다.

이곳 금식기도원에 오기 전에는 금식에 대해서 잘 몰랐으며 금식을 하면 나에게 어떠한 결과가 오는지를 전혀 몰랐습니다. 우리는 조상들의 우상숭배와 우리들의 불순종으로 인한 죄 값으로 하나님께 징계를 받고 있었습니다. 그러면서도 이유를 알지 못했습니다.

돈 문제, 건강문제, 자식의 문제, 가정의 문제 등(레26:14-) 이러한 고통을 해결해 달라고 우리들은 하나님께 간절한 기도를 하고 있었습니다. 그러나 우리들의 문제는 좀처럼 해결이 안 되고 점점 더 어려워졌습니다.

하나님께서 기뻐하시는 금식(사58:6)을 하기 전에는 여러 가지

문제로 고통 속에 괴로워하고 있었습니다. 그 중에서도 갑자기 건강이 심각해졌습니다. 뒷목부터 어깨, 등까지 움직일 수 없는 고통을 느끼며 하루하루를 보냈습니다. 이러다가는 안 되겠다 싶어 병원에 가서 진찰을 받고 사진을 찍어보니 목 디스크라는 판정이 나왔습니다. 걱정이 많이 되었습니다. 디스크는 쉽게 치료되지도 않는다던데 어떻게 해야 하나 하고 있던 저에게 성령님이 방법을 주셨습니다. 바로 금식이었습니다.

하나님께서 기뻐하는 금식은 흉악의 결박을 풀어주신다는 것과 네 영혼을 만족하게 하며 네 뼈를 견고하게 하나니(사58:11) 라는 말씀을 통해 하나님께서 기뻐하는 금식으로 회개하고 용서하며(사58:4) 모든 것을 하나님 아버지께 맡겨 드리면 나의 목 디스크는 완전히 치료되리라는 믿음을 가지고 장기 금식 10일을 시작했습니다.

그런데 금식하는 도중에 목과 팔 그리고 등이 더 고통스럽게 아팠습니다. 그래서 저는 금식을 하는데 왜 더 아프지? 금식을 괜히 했나하는 의심이 들었습니다. 그런데 그것은 저의 잘못된 생각이었습니다. 우리 원장님이 설명해 주셨습니다. 그 아픔은 하나님께서 내가 금식하는 중에 수술하고 계신다는 증거라고 말입니다. 저는 10일 금식과 10일 보식을 다하고 저의 목 디스크는 완전히 치료되었습니다. 할렐루야!

이글을 읽는 분께 꼭 권하고 싶습니다. 금식을 하면서 나의 어려

운 건강을 해결 받은 것처럼 여러분도 금식을 하여 병뿐 만 아니라
여러 가지 어려운 문제들을 해결 받으시길 간절히 소망합니다.

마혜미 전도사 (31세. 010-7917-7719)

첫사랑

첫사랑이라는 단어는 듣기만 해도 가슴이 뛰고, 사람을 미소 짓게 합니다. 사람은 누구나 자신만의 첫사랑을 간직하고 살아갑니다. 첫사랑은 말 그대로 가장 순수하고, 때론 서툴고 무모하지만, 그렇기 때문에 용감합니다. 그래서 사람은 삶속에서 지칠 때 다시 일어나기 위한 힘을 첫사랑에서 얻곤 합니다.

첫사랑은 어쩌면 사람이 살아가는 시간동안 삶을 포기하지 않기 위해 고이 감추어둔 자신만의 가장 소중한 선물일지도 모르겠습니다.

2009년 24살의 저의 모습은 마치 아무도 없는 허공을 향해 "자유"를 외치는 사람처럼 어리석고 많이 지쳐있었습니다. 그때 저는 이름만대면 알만한 유명한 회사에 다니고 있었음에도 불구하고 그 모든 생활이 지루하고 공허했습니다.

지금 그때 써놓은 일기들을 보면 "어디로 가야할지 모르겠다." "나는 마치 새장 속에 갇힌 새와 같다" "날고 싶다"라는 문구들이 빼곡하게 적혀있습니다. 그만큼 저는 갈급했고, 나의 가슴을 뛰게 할 새로운 무엇인가를 찾기 위한 갈망으로 가득했습니다. 나에게는 안식처가 없었습니다. 마치 전쟁터와 같은 회사의 일과가 끝나고 나면 불화와 불신이 가득했던 가정에 들어가야 한다는 두려움과의 싸움이 시작됩니다. 그리고 그 싸움의 결론은 항상 술로 마무리 되곤 했습니다.

술은 모든 것을 잊게 해주는 유일한 나의 친구라고 생각했습니다. 그러나 술로 인해 나의 몸과 마음은 더욱 피폐해져만 갔습니다. 유난히 마음이 지쳐있던 어느 날 어김없이 술을 잔뜩 마시고 집으로 들어가 누웠습니다. 그리고 천장을 보며 '아… 힘들다'라고 중얼거리며, 눈물을 흘리다 잠이 들었습니다.

어느 정도의 시간이 흘렀을까? 갑자기 누군가가 나의 목을 누르는 듯 숨을 쉴 수 없었습니다. 그리고 몸이 움직여지지 않았습니다. 누군가가 나를 죽이려고 하는 것 같은 두려움이 몰려왔습니다. 그때 제가 도움을 요청한다고 부른 이름이 바로 "예수님"이었습니다.

저희 집안은 대대로 불교 집안입니다. 절에 불공을 드리러 자주 가시던 어머니를 따라서 불교학교를 다니며 자랐고, 모든 생각과 모든 삶 자체가 불교의 미신들에 초점이 맞춰진 삶을 살아왔습니다. 그러던 어느 날 초등학교 4학년이 되던 해 집 옆에 있는 교회에서 간식을 나눠준다는 유혹에 이끌려 교회란 곳에 처음 나가게 되었습니다. 그리고 몇 개월 다니진 못했지만, 그때 들었던 하나님의 놀라운 이야기와 그의 아들 예수님의 이야기가 순간 떠올랐습니다.

20년을 잊고 살았던 그 이름이 저의 입에서 흘러나왔던 것입니다. 그 순간 저에게 꿈인지 생시인지 모를 광경이 펼쳐졌습니다. 천장에 아주 노란 반짝이는 금빛 가루들이 모여서 천장을 가득채운 큰 십자가를 만들고 있었습니다.

그리고 그 십자가를 보고 누워있는 나의 눈에서 뜨거운 눈물이 한없이 흘러내렸습니다. 그 눈물과 함께 나의 속에 맺혀있던 미움과 아픔 그리고 모든 상처들이 함께 씻겨 내려가는 것 같았습니다.

그리고 그 사건 이후 저는 새로운 고민에 빠졌습니다.

"이제 내가 어떻게 살아야하지?"

"무엇을 해야 하지?"라는 고민입니다.

저의 이 고민을 듣고 우리 집에서 유일하게 교회를 다니고 있던 언니의 소개로 저는 "벧엘 금식 기도원 교회"를 만나게 되었습니다.

벧엘은 처음 입구에 들어서면 예쁜 웃음이 반짝이는 원장님께서 맞아주시는 따뜻한 곳입니다. 그리고 이곳은 꿈과 환상이 가득한 곳입니다. 저는 이곳에서 금식과 기도를 시작했고, 저의 금식이 한해 두해 쌓이면서 마음의 평안과 가정의 평화가 찾아왔습니다. 저의 금식과 기도를 통하여 불교 집안이었던 저희 집안도 한 사람씩 교회를 나가기 시작했습니다.

가족들은 하나님을 믿고 예수님의 사랑을 배웠으며 그 사랑을 고백하기 시작했습니다. 또한 하나님께서는 세상에 물들어 있던 저를 하나님의 놀라운 방법으로 만나주시고 만져주셨습니다.

그렇게 저는 이곳에서 하나님, 예수님, 성령님과의 사랑을 깨닫고, 진정한 "자유"와 "평안"을 누리며 살아가는 사람이 되었습니다.

그렇게 저는 24살 가을, 벧엘에서 내 인생의 가장 순수하고 설레이며, 때론 한 없이 용감했던 예수님과의 첫사랑을 시작했습니다. 그리고 예수님과의 그 사랑은 지금까지도 내 삶의 가장 소중한 보물이 되었습니다.

요한복음 4장은 예수님과 사마리아 여자가 등장합니다.

여자는 자신의 삶에 많이 지쳐있었고, 갈급해 있었습니다. 여자는 그 갈급함을 남편을 통해 채우려했지만, 다섯 명의 남편과 지금의 남자에게도 자신의 갈급함을 채우지 못했습니다.

그때 예수님께서는 그 여자의 모든 상황을 아시고 먼저 찾아가서 말을 걸어주셨고, 갈급함을 채워줄 진정한 생수에 대해 알려주셨습니다. 그리고 그 여자는 그 어느 것으로 채우지 못했던 갈급함을 해소하고 예수님을 전하는 사람이 되었습니다.

저는 성경의 이 이야기가 마치 나와 예수님의 이야기처럼 느껴졌습니다. 사마리아 여자가 진정한 생수인 성령님을 모시고 행복을 되찾았듯이 저도 금식을 통해 갈급함을 채우고, 이젠 그 생수를 또 다른 누군가에게 나누어줄 수 있는 사람이 되었기 때문입니다. 이 글을 읽는 모든 분들도 성령님을 모시는 금식을 통해(요 3:5) 가정의 평안과 진정한 자유를 누리길 소망합니다.

"예수께서 대답하시되 진실로 진실로 네게 이르노니 사람이 물과 성령으로 거듭나지 아니하면 하나님 나라에 들어갈 수 없느니라."(요 3:5)

오윤희 전도사 (010-5419-0114)

할렐루야!

벧엘 금식기도원 교회 전도사 오윤희입니다.

2006년에 벧엘을 알고 금식을 시작해 2009년에 전도사가 되고, 결혼도 하고, 지금은 세 아이의 엄마가 되어 하나님께서 맡겨주신 아이들을 양육하는데 전념하고 있습니다.

종종 설교를 통해 듣기도 하시겠지만, "엉망진창 엄마와 사랑스런 복둥이들의 좌충우돌 말씀대로 살기 위해 고쳐서 복 받기" 프로젝트를 진행하고 있습니다.

제가 워낙 아이들을 좋아해서 제 소원 중에 하나가 아이였는데, 결혼하고 몇 개월 후에 임신을 하게 되었는데, 연이어 두 번이나 유산을 하게 되었습니다.

그것과 관련하여 하나님께서 몇 가지의 꿈을 주셨습니다.

첫 번째 꿈은 회전목마에 아이들이 탔는데 두 아이가 목이 없는 꿈이었습니다. 두 번째 꿈은 같이 사역하시는 목사님 꿈에 저에게 군자 난을 주려고 하셨는데 시기가 안돼서 죽었다는 것이었습니다. 세 번째 꿈은 거미가 인간으로 변신해 나를 속이고 아이를 유산시키는 꿈이었습니다. 연이은 유산에 맘도 많이 아팠지만 먼저 금식하며 기도하며 나의 죄를 회개케 하시고, 아이를 제 마음에서 내려놓게 하셨습니다. 그리고 그 이듬해에 주신 아이가 첫째 아들인 복둥이 다윗입니다.

다윗을 임신 한 후에도 매달 하루씩 금식을 했더니, 임신으로 인한 질환이나 다른 어려움이 없이 열 달을 채우고 건강한 아이를 순산하게 되었습니다.

다윗이 태어난 후에 집에 와서 한 달 동안 밤 10시만 되면 깨어서 새벽예배시간에 찬송소리가 들릴 때까지 배앓이를 하는 듯 보채기 시작했습니다. 아이를 안고 있으면 조금 자는듯하다 내려놓기 바쁘게 깨기도 하고, 젖을 먹을 때에도 조금씩 자주 빠는 등 엄마와 아빠를 고되게 훈련시키다가 낮이 되면 흔들어도 깨지 않을 만큼 곤히 자곤 했습니다.

옆에서 산후조리를 해 주신 전도사님께서 저를 보시더니 살이 확 빠졌다면서 축하해 주실 만큼 한 달 사이에 10kg정도가 빠지게 힘도 들었습니다.

밤새 기도하시다 새벽에 주무시러 오신 원장님께서도 애기가 우는 소리에 우리 방으로 오셔서 다윗을 안아서 봐 주실 때, 우리 부부는 새벽에 조금 잠을 자기도 했습니다. 도저히 안 되겠다는 생각이 들어 태어난 지 한 달 조금 넘은 아이에게 4시간 정도의 금식을 시켰습니다.

저희 부부에게도 첫아이이기에 배고파서 우는 아이에게 물을 먹이면서 같이 금식하며'아이가 밤에도 힘들지 않고 평안히 자게 해주세요'라고 기도했더니, 그 날 밤부터 10시에 소등해서 밤중에 수유하는 것을 제외하고는 아침까지 평안히 자게 해주셨습니다.

그래서 전 그 후로 지인들이 배앓이로 아이가 힘들다고 하는 이야기를 들으면 우리 다윗의 이야기를 꼭 해드립니다. 애들이 밥을 먹지 않으려고 때를 쓸 때나, 지쳐 있을 때 또는 자주 아플 때에는 아이의 몸 상태를 살피고 금식을 하며 기도합니다. 지금 51개월 다윗, 42개월 솔로몬, 27개월 샛별이는 두 끼 금식(16시간), 10개월 나라는 모유 수유중이라 6시간 금식을 매달 하고 있습니다. 금식은 아이에게도 상태에 따라 평안할 때가 있고 울며 때를 쓸만큼 힘들 때가 있습니다. 그러나 하고나면 아이의 작은 부분들이 서서히 변하고 있음을 누구보다 더 부모님들도 아시게 될 것이라고 믿습니다.

금식은 아이들에게도 기적의 약입니다 인격과 병과 지혜 외에 모든 면에서요. 화이팅!

성한솔 전도사 (38세. 010-9165-4417)

내 삶에 은혜를 주신 하나님

오랜 우울증과 낮은 자존감의 시작은 20여년 전으로 거슬러 올라갑니다. 악기를 배우고 있던 중학교 시절 자연스럽게 고등학교 진학을 음악 전공 쪽으로 하고 싶었으나 가정형편상 일반 고등학교에 진학한 후 학교생활에 적응이 어렵던 18살 무렵 부모님이 이혼을 결심하셨습니다.

그 뒤로 아버지는 유랑생활, 어머니는 기도원 생활을 시작하셨고 자연스럽게 가족이 흩어져 살게 되고 돈도 음식도 없던 22살 겨울, 몇 십년 만에 폭설이 오던 어느 날 밤 첫 번째 자살시도를 했습니다.

자살시도를 하는 사람들의 대부분이 그렇듯 저 또한 이상 징후를 남겼고 그 신호를 읽어준 친구 덕에 빠르게 병원으로 이송되어 위세척 등을 통해 아무 이상 없이 퇴원하게 됩니다.

　그 후 27살까지 직장생활에 지장이 있을 정도로 매일 술을 마셨고 그해 겨울 일이 없어서 잠시 들르러 온 집에서 어머니께 금식을 권유 받아 시작하게 되었습니다. 우울증 증세가 심해지면 방안에서 길게는 한 달까지 나오지 않으며 사람들과 마주치지 않을 시간을 선택해서 하루에 한 두끼 정도 라면으로 때우며 잠과 영화에 빠져들었습니다.

　다달이 억지로 금식을 하며 1년쯤 지나자 우울기에 방안에 있는 기간이 줄기 시작했습니다. 2주 1주 3일 하루 이렇게 줄더니 어느 날부터 거짓말과 같이 한숨이 사라지고 몰래 화장실에서 먹던 소주가 맛이 없어졌으며 화목보일러 앞에서 피던 담배도 흥미를 잃게 되었습니다.

　대부분의 우울증을 경험하는 사람들이 그렇듯 내일이 오는 것이 싫기 때문에 잠드는 것이 어렵고 아침에 일어나는 것이 어려웠는데 어느 순간 누우면 잠을 자고 아침에 일어나면 몸이 가볍고 하루의 시작이 행복하기 시작했습니다.

　그 무렵 고등학교 때부터 친구로 지내면서 저의 상황을 잘 알던 친구와 통화하던 중 '하루의 시작이 행복하다'라는 말을 듣고 자신도 교회에 가야겠다고 마음먹고 지금까지 믿음생활을 예쁘게 하고 있습니다.

아주 오랫동안 친구인 듯 지내던 우울증이 사라지고 나니 삶을 대하는 태도가 진취적으로 변하고 사람들과의 관계성도 보다 이해적으로 변하였으며 만나는 대부분의 사람들이 영혼이 아름다워 보인다 라고 할 정도로 얼굴에는 생기가 돌고 자신감이 생겨났습니다. 그러면서 30대에 들어서고 결혼과 출산의 시기를 거치며 다시 우울증이 찾아왔습니다. 여러 가지 상황들을 견뎌내지 못하고 원망과 후회에 젖어 있을 때쯤 산후우울증속에서 힘겨워 하던 어느 날 아이를 재우고 옆방으로 가서 벨트를 높이 매달아 놓고 목을 밀어 넣는 순간 아이의 울음소리가 들려옴과 동시에 정신이 번쩍 들었습니다.

내가 무엇을 하고 있었던가????? 심한 자괴감 속에서 아이를 안고 울기를 반복하던 시절이었습니다. 밤에 잠을 자면 아침까지 깨지 않고 자던 아이를 깨워 나를 부르게 해주신 나의 하나님. 그 순간의 기억이 떠오르는 지금도 감사의 눈물이 어른거립니다.

우울증을 앓고 있던 당시에 세상은 모두 회색이었다면 나보다 더 나인 듯 발톱을 숨기고 있던 사단이(약4:7) 떠난 어느 날 부터 세상은 모두 밝은 빛 가운데에 있었습니다. 그러나 죄가 유발되고 그 죄로 인한 어려움이 생기며 다시 우울증이 찾아오고 이겨내기를 반복했던 삶 가운데에서 이전에 있지 않던 은혜가 있다는 것을 깨달았습니다.

하나님을 부인하고 살던 27살 이전에는 모든 선택이 삶을 더욱

어둡게 하는 결과를 낳았다면 억지로 마지못해 시작한 금식을 통하여 하나님을 믿게 되는 은혜가 생기고 그 이후 삶에 선택에서 옳은 것도 잘못된 것도 있었지만 그중 잘못된 선택 내 삶의 가운데에서도 또 다른 잘못된 선택이 아닌 그 자리에서 멈추고 회개를 촉구하시는 하나님. 깊이 개입해 주시는 하나님을 만나게 되는 은혜를 입었습니다. 오랫동안 습관적으로 나의 생각과 감만 믿고 생각보다 행동이 빨랐던 제 삶 가운데에서 행동하지 않고 멈추어 기도할 수 있는 은혜가 얼마나 감사한지요. 산후 우울증에서도 금방 빠져 나올 수 있었던 것도 계속 해왔던 금식을 통해 '행복했던 하루의 시작'을 다시 맛 볼 수 있다는 희망이었습니다.

10년 이상 금식을 꾸준히 하는 제게 네 삶이 왜 지금 그 상태이냐고 묻는 이들도 있었습니다. 그러나 인생이라는 긴 여정에 문제와 혼란이 없는 사람은 없을 것입니다. 다만 그것을 어떻게 극복해나가고 풀어나가는가의 문제 해결 방식의 차이라고 봅니다. 금식을 하기 전과 하고 나서 삶을 대하는 저의 태도는 많이 바뀌었습니다.

살면서 반드시 필요한 것들이 있을 것입니다.

돈, 건강, 가정의 화목, 삶의 목적 등등. 그러한 것들이 지금 있고 없고도 중요하겠지만 그보다 중요한 것은 그것들을 대하는 '나'자신이 가지고 있는 삶을 대하는 태도일 것입니다.

생각이 바뀌어지고 그 생각을 표현하는 방식의 언어가 바뀌어진다면 비로소 진정한 가치의 행복이 찾아온다고 봅니다.

　금식을 거부하는 자녀들이나 자신의 생각을 결정할 수 없는 어린자녀를 가지신분들 혹은 주변에서 억지로 하는 것이 무슨 유익이 있겠는가라고 반문하는 모든 이들에게 어떠한 상황에서의 금식이든 하나님께서는 받으시고 장기적으로 봤을 때 우리의 삶의 닫혔던 문을 열어주시는 은혜를 허락하신다는 것을 믿고 망설이는 모든 분들과 함께 하나님 기뻐하시는 금식하시기를(사58:6) 기도합니다.

성기윤 목사 (36세. 010-2721-5549)

먼저 이 간증을 쓰게 해주신 하나님께 감사드립니다.

저는 딱히 큰 병이 없었습니다. 어렸을 때는 잔병치레가 많았다
고 전해 들었으나, 장성한 후에는 크게 아파본적이나 지병을 앓아
본적이 별로 없습니다. 굳이 꼽으라면 축농증 정도인데 그것도 그
리 심하지 않았습니다. 이런 이유로 저는 몸을 치유 받은 것이 아
닌, 마음을 치유 받은 것을 간증하도록 하겠습니다. 부족하지만
읽는 자들과 함께 은혜를 나누기 원합니다.

저는 주의 종으로 부름을 받고 반강제적으로 신학교에 입학하
게 되었습니다. 그래도 어렸을 적에 교회를 곧 잘 다녔던 저로서
는 교회에 대한 환상 같은 것이 있었습니다.

마침 신학교에 가기 전에 세상에 있는 일반 대학교를 다녔기에 신학교와의 차이를 실감할 수 있었습니다. 그러나 실망스럽게도 그 곳은 제가 막연히 생각했던 모습은 아니었습니다.

거룩하고 경건한 자들이 모이는 곳이라고 생각했던, 사랑과 용서가 넘치는 곳이라고 생각했던 그 곳의 많은 사람들은 속된 말로 쪼잔하고, 치사하고, 얍삽한 행동들을 대수롭지 않게 행했으며, 사랑과 용서 보다는 비난과 정죄가 난무하는 곳이었습니다. 오히려 세상에서 다녔던 학교는 그렇지 않았습니다.

그 곳의 가르침은 판단하는 방법(물론 옳고 그름은 판단해야 합니다)은 가르치나, 그 판단력을 바르게 사용하는 방법은 가르치지 않았습니다.

대부분 많은 시간과 노력을 들여 배운 판단력으로 자신과 다른 신학적 노선을 비난하거나, 잘못을 저지른 주의 종들을 정죄하는 데 사용함으로 오히려 자신들의 삶속에서 하나님의 비난과 정죄가 쌓여가고 있었습니다. 물론 이것은 제가 다닌 학교만의 문제는 아니었습니다. 유명한 교단이나 스스로 명문이라 자처하는 신학교일수록 이런 현상이 더욱 심했습니다.

사실, 그들이 그렇게 하는 것은 별로 문제가 되지 않습니다.

나만 그들을 따라하지 않으면 되는 것인데, 문제는 저 역시 그들과 다를 바 없다는 것입니다. 오히려 심각한 것은 저는 그런데에는 타고난 재능이 있는 것처럼 더 많고 악한 비난과 정죄들을 쏟아내었습니다. 확실히 내 마음에는 복음을 가리는 무엇인가가 있었습니다.

새 마음을 받는 것이 가장 근본적인 치료

마태복음 15장 18절 말씀에 보면, 예수님께서 "입에서 나오는 것들은 마음에서 나오나니"라고 말씀하셨습니다. 그렇습니다. 우리는 평소에 많은 말과 행동들을 합니다. 이런 우리의 말과 행동을 주장하는 것이 바로 마음인 것입니다.

인간은 마음을 거스르는 것이 매우 어렵습니다.. 자신의 마음에서 나는 소리에 귀를 기울이며, 그 소리를 따라 생각하고 말하고 행동합니다. 누구나 자신의 마음의 선과 악의 기준(양심, 딤전1:19 외)에 따라 판단을 합니다. 그리고 그것이 매우 옳다고(선하다고) 스스로 판단합니다. 누구라도 자신의 판단이 선하다고(옳다고) 생각하고 그것을 주장하기 위하여 변증을 냅니다.

여기서 심각한 문제가 발생합니다. 자신의 행동을 보고 자신의 마음이 굽었다는 것을 알 수 있는 사람이 극히 드뭅니다. 사람은 항상 자신의 행동을 정당하게 여기며, 정당성을 확보하기 위해 많은 말들과 행동들을 덧붙이기도 합니다.

자신이 스스로의 굽은 마음을 가지고, 자신의 굽은 마음에서 나오는 말과 행동들을 판단하므로 지혜가 없는 것입니다.[1] 당연히

---

1) 고후10:12, "자기로써 자기를 헤아리고 자기로써 자기를 비교하니 지혜가 없도다"
2) 마9:13, "나는 의인을 부르러 온 것이 아니요 죄인을 부르러 왔노라 하시니라"

옳은 판단을 할 수 없습니다. 반면, 자신의 모든 말과 행동에서 잘 못된 점을 찾아내지 못한다면, 그는 죄가 없는 사람입니다. 예수 님은 죄인을 부르러 오셨음을 우리에게 선포하셨습니다.[2] 성경 이 진리임을 인정한다면, 자신이 틀린 것입니다. 자신이 틀렸다는 것을 알아채지 못한 것은 내 마음에서 내가 틀리지 않았다고 했기 때문입니다. 이것이 굽어있는 내 마음입니다. 그렇다면 무슨 이유 로 예수 그리스도를 믿는 내게도 이런 굽은 마음이 있는 것일까 요? 이유는 간단합니다.

내가 아직 새 사람이 되지 못했기 때문입니다. 에베소서 4장 22-24절의 말씀을 정리해보면 다음과 같습니다. 하나님을 따라 의 와 진리의 거룩함으로 지으심을 받은 새사람을 입으려면, 심령이 새롭게 되어야 하고, 심령이 새롭게 되려면, 옛 구습을 벗어버려 야 합니다.

예수님을 믿으면 당장에 신분이 변합니다. 믿지 않는 자에서 하 나님의 특별 관리를 받는 믿는 자가 됩니다. 그러나 당장 신분이 변했다고 해서, 당장 새 사람이 된 것은 아닙니다.

옛 구습(이전에 하던 말과 행동들)을 가진 옛 사람을 버려야 새 사람이 됩니다. 위에서 언급했듯이 사람의 말과 행동은 마음에서 비롯됩니다. 따라서 새 마음을 받아야 새 사람이 됩니다.

마음을 새롭게 함으로 변화를 받으라 개정개역 성경에는 "분별 하도록 하라"가 명령법 주 동사인것처럼 번역되었으나, 원문에는

"분별하라"는 부정사가 이끄는 종속절이며 주절은 "너희는 이 세대를 따르지 말라, 그리고 너희는 변화를 받으라."가 명령법 주 동사이다. (롬12:2)

새 마음을 받는 방법 [3]

출애굽기 7-12장에 보면 하나님께서 이스라엘 백성을 구출하시기 위해서 출애굽에 10개의 재앙을 내리시는 것을 볼 수 있습니다. 이상하게도 바로는 10개의 재앙을 모두 당하기까지 그의 뜻을 돌이키지 않습니다. 그리고 성경에는 이렇게 기록되어 있습니다.

"그러나 여호와께서 바로의 마음을 완악하게 하셨으므로 그들의 말을 듣지 아니하였으니"(출9:12)

또한 예레미야 선지자는 자신을 괴롭힌 사람들에 대해 이렇게 간구합니다.

"그들에게 거만한 마음을 주시고"(애3:65).

마음을 주장하시는 분은 하나님이십니다. 새 마음은 내가 스스

---

3) 개정개역 성경에는 "분별하도록 하라"가 명령법 주 동사인것처럼 번역되었으나, 원문에는 "분별하라"는 부정사가 이끄는 종속절이며 주절은 "너희는 이 세대를 따르지 말라, 그리고 너희는 변화를 받으라."가 명령법 주 동사이다.

로 갖거나 마음먹는다고 해서 저절로 생기는 것이 아닙니다. 오로지 하나님의 은혜로 주어지는 것입니다.

"내가 그들에게 한 마음을 주고 그 속에 새 영을 주며 그 몸에서 돌 같은 마음을 제거하고 살처럼 부드러운 마음을 주어 내 율례를 따르며 내 규례를 지켜 행하게 하리니 그들은 내 백성이 되고 나는 그들의 하나님이 되리라."(겔11:19-20)

"그러나 그 날 후에 내가 이스라엘 집과 맺을 언약은 이러하니 곧 내가 나의 법을 그들의 속에 두며 그들의 마음에 기록하여 나는 그들의 하나님이 되고 그들은 내 백성이 될 것이라 여호와의 말씀이니라."(렘31:33)

이 두 말씀은 하나님께서 자신이 지정하신 때에 자신이 지정하신 사람들을 자신의 백성으로 삼으신다는 내용입니다. 그러기 위해서 그들에게 한 마음과 새 영을 주어 하나님의 법을 지키게 하시고, 그 법을 그들의 마음속에 기록하시겠다는 것입니다.

이처럼 우리가 받는 새 마음은 철저한 은혜의 사건입니다.

그리고 그 은혜를 간절히 구하는 것이 바로 금식입니다.

(금식에 대해서는 원장님이 이미 집필하신 책들과 이 책의 앞부분에 설명이 되어 있으니 다시 설명하지 않겠습니다.)

내가 금식을 통해 받은 새 마음

서두에서 언급했던 것과 같이 저는 예수님을 믿은 후로도 항상 육신적인 마음을 가지고 살았습니다. 그것들이 나의 삶을 사망의 (롬8:2) 길로 끌고 가고 있다는 것도 알지 못한 채, 그것이 잘하는 일이라고 스스로 생각했습니다. 제가 이전에 가지고 있던 마음들은 크게 3가지입니다.

첫째는 우울한 마음입니다. 저는 대부분의 시간을 우울하고 슬퍼하며 보냈습니다. 이 세상의 모든 것에 대해 무기력하고, 무의미했습니다. 살아야 할 이유도, 살아갈 희망도 없이 저의 유일한 소망은 어느 날에 술을 많이 먹고 다시 눈을 뜨지 않는 것이었습니다.

둘째는 부정적인 마음입니다. 스스로의 생각에 이 세상에는 아무것도 되어야 하는 것도 없고, 될 수 있는 것도 없습니다. 대부분의 말들은 원망하는 말과 불평하는 말이었고, 그렇게 무엇인가를 부정하거나 누군가의 부정을 이끌어내는 것은 큰 즐거움이었습니다.

셋째는 교만한 마음입니다. 저는 회개를 알지 못했습니다.

나 자신은 선량하고 착하고 모범적인 시민이며 아무 죄도 없는 사람이나, 이 세상의 부조리, 정치인들의 부패와 부정, 부자들의 착취, 나의 가정의 상황 등의 많은 이유들로 인해 내가 이렇게 밖에 될 수 없는 불쌍한 사람이라고 스스로를 위안하며 살았습니다. 따라서 나에게 일어난 모든 좋지 않은 사건이나 상황들에 대한 책임자를 찾아 비방과 비난과 욕설 등을 해야만 했습니다. 나는 항상 피해자였지, 절대 가해자는 아니었습니다. 그렇기에 나는 사과를 받아야 하고 회개를 받아야 하는 사람이었지, 아무것도 사과할 것도 회개할 것도 없는 사람이었습니다. 그리고 그렇게 누군가를 정죄해야만, 내가 상대적으로 선한 사람이 될 것 같았습니다.

사실 위의 3가지는 세상에서는 너무나 자연스럽고 당연한 일, 매우 즐겁고 재미있는 일입니다. 이런 마음으로 30년을 살았어도 이것이 무엇이 문제인지 알지 못했습니다. 내가 이것들로 세상을 지지했으며, 세상으로부터 열렬한 지지를 받았습니다. 그러나 세상에서는 당연하고 보편적인 말과 행동들이 아버지 앞에 오니 죄가 되었습니다. 세상에서는 이렇게 하는 것이 의로운 길이라고 배웠으나, 아버지 앞에 오니 패역한 마음의 길이었습니다. [4]

제가 금식을 한 것은 자의가 아니었습니다. 단지 저는 금식기도원에서 살고 있었기 때문에 저에게 선택지는 없었습니다.

그렇게 억지로 하던 금식이 10년이 되었습니다. 그 시간동안 금식을 하면서 무슨 역사가 일어날 것이라는 것은 전혀 믿지 않았습니다. 그러나 시간이 지나고 뒤를 돌아보니 많은 것이 변해 있었습니다. 사실 전 제가 언제 치유를 받았는지도 알지 못합니다. 사람은 원래 고통스러울 때는 그 육체의 고통을 실감하나, 그 고통

---

4) 사57:17, "그의 탐심의 죄악으로 말미암아 내가 노하여 그를 쳤으며 또 내 얼굴을 가리고 노하였으나 그가 아직도 패역하여 자기 마음의 길로 걸어가도다"

이 사라진 후에는 그 고통을 기억하기 어렵기 때문입니다. 그러나 알 수 없는 어느 시간에 나의 마음이 치료되고 있었습니다.

항상 우울해서 기쁨을 알지 못하던 내 마음에 기쁨이 생겼습니다. 더 자세하게 이야기하면 기쁨의 조건들이 생겼다고 해야하는 것이 옳을 것입니다. 뿔뿔이 흩어졌던 가족들이 몸 뿐 아니라 마음까지도(모두 주의 종이 되었음) 하나로 모였습니다. 저도 결혼해서 참한 아내가 생겼으며, 4명의 복된 자녀들도 얻었습니다. 또한 평생을 극심한 가난으로 먹는 것과 입는 것을 걱정해야 했던 제게, 더 이상 그런 걱정은 없어졌습니다.

잠시 기쁘고 대부분의 시간을 우울함 속에 보냈으나 이제는 잠시 우울하고 많은 시간을 기쁨으로 살게 하셨습니다.

또한 온갖 부정으로 감사를 알지 못하던 제게, 억지로라도 감사 할 수 있는 마음을 주셨습니다. 항상 있는 것은 보이지 않고, 내가 가지지 못한 것들로 불평하고 원망했던 제게 가진 것으로 감사하게 하시고 가진 것이 없어도 살아 있음에 감사해야 한다는 것을 배우게 하셨습니다.

물론 지금도 온전한 감사가 나오는 것은 아닙니다. 그러나 거의 감사를 해 본 일이 없는 제가 스스로도 진실인지 거짓인지 알 수 없는 "감사합니다."를 입에 달고 다니는 것은, 매우 특이한 일이 아닐 수 없습니다.

그 중 가장 큰 은혜는 교만한 마음을 제하셔서 회개할 수 있는 길을 열어 주신 것입니다. 회개함 없이 어느 누가 용서를 받겠습니까. 그러나 그 회개도 회개할 마음이 주어지지 않으면 할 수 없음을 고백합니다. 이제는 내 삶의 어려움들이 모두 나의 죄 때문이라는 것을 깨달았습니다.

아버지 앞에서는 우연도 없으며, 연대책임도 없습니다. 나에게 어떻게 하셨다면, 오로지 나를 보시고 하신 것이라는 것을 깨달았습니다. 그리고 그럴지라도 회개하는 자는 반드시 회복시키신다는 것도 알았습니다.

이렇듯 제가 받은 마음의 치료는 실로 큰 것이었습니다. 이전에 하나님께로 돌아왔어도, 나에게 복이라고는 '예수를 믿고 죽으면 천국에 가는 복' 곧, 내가 알 수도 없고 볼 수도 없이 머리로 이론적으로 알고만 있는 그 복 뿐이었습니다. 실제적인 삶의 변화나 그에 따른 열매들은 없었습니다.

이전에 살던 그대로 가난했으며, 이전에 살던 그대로 가정이 찢어져 만나기만 하면 싸웠으며, 이전에 살던 그대로 심리적으로나 육체적으로 무기력하여 아무것도 할 수 없었습니다. 내가 얻을 수 있는 것은 단지 "천국"이라는 단어 뿐이었습니다.

그것조차도 예수님을 믿고도 변화가 없는 삶이 이어질수록 내 머릿속에서 희미해져 갔습니다. 결국 내 머릿속에서 떠도는 "천국"이라는 단어는 나에게 아무런 의지나 동기를 부여하지 못했습니다. 나는 점점 또는 이미 '믿음 안에 살고 있는, 믿지 않는 자'가 되어가고 있었습니다.

이유를 알 수 없었습니다. 그러나 이제는 알았습니다. 내가 이

전에 세상에 살던 마음(옛 사람)으로 생각하고 말과 행동을 했기 때문에, 나에게는 하나님을 믿어도 이전의 삶과 동일한 삶이었습니다. 하나님이 정말 선하셨던 것입니다. 그리고 하나님은 한 치의 오차나 실수도 없으셨습니다. 내가 이전의 말과 행동들을 예수님을 믿고도 그대로 하였더니, 하나님은 이전의 내 삶에 나의 말과 행동을 듣고 선으로 행하셨던 그대로, 이후에도 그대로 해주셨습니다. 변화가 없는 것은 이상한 것이 아닌 당연한 것이었습니다. 그리고 이 문제의 해답은 매우 간단한 것이었습니다.

'이전에 살던 대로 살아서 그렇게 살았으니, 이전에 살던 대로 살지 않으면 그렇게 살지 않을 것이다.'

그리고 그렇게 되었습니다.

이로써 성경이 제 삶 안에서도 동일하게 역사하는 진리임을 고백합니다. 믿음을 가져서 신분이 변했습니다. 그러나 변화는 받지 못했습니다. 그래서 열매가 없던 내 삶에 나를 자녀로써 아버지께서 성실히 징계하셨습니다.(히12:7-8)

그러던 중 어느 시점에 금식을 통해 변하게 하셨습니다. 그리고 복을 주시기 시작하셨습니다. 머리 속으로만 개념적으로 알고 있던 "천국"이 실제 삶을 통해서 조금씩 알아지기 시작했습니다. 단지 말만 듣고 억지로 믿어야 했던 그것이, 이제는 체험으로 보고, 피부로 느껴집니다. 머리로만 알 때는 "천국"이라는 곳에 가도 그만이고 안가도 그만이라고 생각했던 것이 이제는 너무나 가고 싶습니다. 이 세상에서 맛보기만 해도 이런데, 정말 천국은 얼마나 좋은 곳일지 너무 기대가 됩니다.

성령님께서 앞으로도 받을 복이 많이 남아있다고 보이셨습니다. 그 말은 앞으로도 많은 고난과 징계 받을 일도 많다는 것을 의미합니다. 그 전의 징계는 저에게는 고통과 쓰라림이었습니다. 그러나 이제는 인내를 배워가고 있습니다. 그리고 앞으로 다가올 것이 좋은 일이든 나쁜 일이든 두려움이 많이 사라졌습니다. 두려움이 사라지고 있는 그곳에는 기대와 소망이 자라나고 있습니다. 세상에서는 사람이 변하면 죽는다고 합니다. 그러나 성경에서는 내가 예수님처럼 나의 십자가를 지고 죽어야(딤후2:11) 예수님을 살려주신 그 하나님이 나를 영원히 살려주신다고 이야기합니다. 이전에 내가 살던 방향, 좋아하던 것들, 해왔던 일들을 버리는 것이 죽음입니다(요12:24).

금식으로 내 육신을 죽이고자 구했더니, 아버지께서 예수님 안에 있는 생명 곧 성령님으로 나를 살리셨고(롬8:2), 그로 말미암아 내 마음도 치료하셨습니다.

이 글을 읽는 모든 분들도 저와 같은 금식을 통해 회복시키시는 하나님을 만나시기를 예수님의 이름으로 축복합니다.

임소연 (34세)

여호와 라파!! 치료의 하나님을 찬양합니다.

어릴 적부터 잠에서 깰 때마다 어김없이 온몸을 박박 긁으며 인
상 쓰고 징징대며 일어났습니다. 지금 생각해보면 나의 피부 가려
움증은 아주 어렸을 때부터 있었던 것입니다.

1남 삼녀 중 셋째 딸로 태어나서 위로는 언니 둘 아래로는 모두
에게 귀여움을 독차지 하는 우리 집 귀염둥이 남동생을 둔 말하자
면 중간에 낀 딸이었습니다.

아들을 무척 원하시던 할머니는 내가 태어났을 때 목소리가 장
군처럼 우렁차서 남자인 줄 알고 좋아하시다가 딸이라서 실망하
셨다는 얘길 전해 듣고 어린 맘에 그 말이 상처가 된 것 같아요.

집에서 젖을 물리는 것이 눈치가 보여서 엄마는 나를 딸기 하우스에 눕혀 놓으셨다고 합니다. 그때부터 남동생이 태어나기 전까지 내 이름은 두 개였습니다. 아필이(아들이 필요하다) 그리고 머리는 빡빡머리였지요.

내가 하고 싶은 말을 했을 때 심한 거절감이나 나의 존재감을 드러낼 수 없었던 가정환경에서 나의 가려움증과 징징대며 날카롭고 신경질적인 말투는 나를 바라봐 달라는 외침이며 관심받고 싶은 호소였습니다.

그러던 어느 날 나는 원형탈모까지 생겨서 나병환자들만이 간다는 유명한 병원을 수소문해서 엄마랑 찾아가게 됐습니다.

의사 선생님이 아주 인자하시고 따뜻한 표정으로 창피하고 두려워하는 나에게 '소연이라고 했지? 소연이는 어떨 때 마음이 힘들고 아프니?'

누군가 나에게 따뜻하게 눈 맞춰주며 내 이야기를 다 들어 줄 것만 같은 따뜻한 목소리로 물어보신다. 누군가 나의 마음의 깊은 소리까지 들어 줄 수 있는 사람처럼 느껴졌는지 내 입에선 누구에게도 말해본적이 없는 이야기가 나오기 시작했습니다.

"저는 누군가 나에게 화내면서 무서운 표정으로 말하는 것이 힘들어요. 특히 제가 잘못해서 화를 낸다는 것을 알고 하지만 그럴지라도 차근차근 얘기 해줬으면 좋겠어요. 난 나의 잘못으로 다른 사람이 속상해 하다가 나를 떠날까봐 두려워요"

우리가 마음이 어렵고 낙심해 있을 때 예수님의 품으로 돌아가면 마음의 평화를 주시는 것처럼 원형탈모로 병원에 갔을 때 의사 선생님이 마치 나의 병의 원인을 꼭 집어서 묻고 대답해준 것처럼 나의 문제 즉 회개거리를 가지고 예수님 앞으로 나아갔을 때 이미 나의 문제와 아픔을 아시고 어루만져 회개하여 천국 같은 마음을 주시는 영적인 의사 우리 예수님에게 말하듯이 그날 나의 진료는 머리에 바르는 연고랑 약을 처방받고 집으로 돌아오는 길에 엄마는 다른 때와는 달리 나를 물끄러미 쳐다보시며 "맛있는 것 먹으러 가자. 그리고 소연이 뭐 갖고 싶은 것 있니?" 라는 물음은 난생 처음 머리가 긴 바비 인형을 갖게 되었답니다.

집에 돌아와서 엄마는 큰 언니와 다른 가족들이 모두 있는 자리에서 앞으론 말할 때 부드럽고 친절하게 말하는 습관을 가져보자고 하셨어요. 지금 생각해보면 그날은 나에게 최고의 날이었던 것으로 기억합니다.

육신의 엄마처럼 어려운 나의 마음을 살펴서 헤아려 주시고 위로해 주시는 분이 바로 우리 성령님이십니다. 이분은 예수님의 영으로써(행16:7) 모르는 것이 없는 분이십니다 저에 대해서 말이예요.

머리숱이 없는 내가 다른 친구들에게 놀림을 받아 상처를 받지 않게 뽀글뽀글 파마를 해주셨던 엄마, 언니들이 입던 옷을 물려받아 새 옷과는 거리가 멀어 무엇이 입고 싶고 갖고 싶은지 말을 할 수 있는 처지가 아니었던 저에게 지금도 잊지 못하는 꽃무늬 노란색 원피스에 샌들을 사주신 엄마, 기차타고 외갓집에 가고 싶다는 말이 떨어지기가 무섭게 약속을 지켜 주시려고 바다가 있는 외갓집에 데리고 가셨지요.

몸이 건강하고 밝게 웃는 모습으로 살길 원하시는 부모님이시듯 우리 하나님 예수님 성령님 이 또한 우리가 행복하게 이 땅에서 살아가길 원하시는 분이십니다.(레26:1-13)

가려움증과 스트레스성 탈모를 겪은 후 엄마는 나를 자세히 살펴보신 후 나에게 다른 사람의 눈치를 보지 않고 마음과 말로 자유롭게 표현할 수 있게 여러 방법을 통하여 노력하셨답니다. 그렇게 시간이 지난 후 20살이 되어서 부모님이 이혼을 하시게 되면서 나의 가려움증은 다시 시작 되었어요.

신경성 아토피가 재발되면서 밤만 되면 가렵기 시작했고 잠을 편히 잘 수 없었어요. 특히 고기나 인스턴트 음식을 먹은 날엔 잠을 한숨도 못자는 날도 있었어요.

직장을 다닐 때는 머리 위에 포도주를 놓고 자다가 가려우면 한 잔씩 마셨지요. 그러다가 우연히 약국에 손톱 반만 한 크기의 약이 효과가 좋다는 말을 듣고 사서 먹기를 4년, 그러나 그 당시에는 가려움증이 멈춰서 좋았지만 피부과약의 부작용은 무기력함 우울증을 동반하여 잠을 많이 자도 계속 졸리는 현상은 몸의 면역기능의 저하로 물론 식욕감퇴, 불면증, 두통, 체중 감소가 나타나기 시작하면서 가려움 때문에 살고 싶지 않다는 생각과 동시에 삶을 비관하기에 이르렀어요.

한 연구에 따르면 만성 가려움증 환자의 삶의 질이 심장 수술을 받은 사람들의 삶의 질과 유사할 정도로 상당히 떨어진다고 알려져 있다. 실제로 많은 만성 가려움증의 환자들은 죽고 싶다는 생각을 한 번쯤은 해봤을 정도로 고통을 호소하기도 한다고 되어 있었어요. 그 한사람이 바로 저였어요.

그 당시 나의 마음엔 원망과 불평이 가득 찼었고 나의 모든 불행이 부모님의 탓인 것 같아서 내 안엔 미움과 분노 화가 가득했었지요. 그런 불안한 나의 심령에 예수님을 다시 찾게 된 사건이 바로 미워하고 있는 그 사람을 용서하겠다고 마음을 먹은 그 날 나에겐 아직도 잊지 못하는 꿈이 있어요.

넓은 벌판에 흰 눈이 소복이 내렸고 집 앞의 눈을 아빠가 나를 위해 땀을 뻘뻘 흘리며 치워주고 계시는 꿈이었어요.

죽고 싶은 절망의 자리에서 또 다시 열심히 살아보리라 마음을 먹은 그때부터 하나님 아버지께서 일하기 시작하신 것이었어요.

내가 나를 일으켜 보려는 생각과 마음 그리고 넘어진 그 자리에서 일어나 다시 도전해 보려고 움직인 나의 행동을 예쁘게 보신 하나님께서 멋진 직장을 갖게 하셨고 그 곳에서 한 집사님을 만나게 해 주시면서 혈루증에 걸린 여인이 예수님의 옷자락만 만져도 나을 것이라는 믿음을 가지고 교회에 나가게 되었습니다.

나의 가려움증을 통해서 아버지는 용서할 수 없는 사람을 용서하는 법을 가르쳐 주셨고 예수님을 만나게 해주셨으며 내가 죄인임을 알게 해주셨습니다.

그 당시 질병과 고통으로 죽음을 선택했다면 자살로 인한 천국 백성이 아닌 지옥에 갈 수밖에 없었을 것입니다.

다행이도 어린 시절 주일 학교를 통해서 예수님을 알게 된 것이 삶의 끝자락에서 다시 예수님을 불러 내 삶에 영접하게 된 엄청난 사건이 되었답니다.

합력하여 선을 이루어주신 겁니다.(롬8:28) 아이들을 전도해야 되겠지요. 주일학교의 맛있는 간식과 선생님들의 사랑이 성장해서도 예수님을 찾는 키가 되니까요.

그러나 교회를 다니면서 내 안에 끊임없는 궁금증이 생겼습니다. 똑같이 예수님을 믿는데 어떤 사람의 삶은 점점 윤택하고 건강도 되찾고 물질도 풍요로워지는데 나의 삶은 건강도 인격도 나이지지 않는 것을 관찰하게 되었습니다. 그러던 중 우연히 벧엘 금식기도원 교회를 소개 받아 오게 되었습니다.

이곳에서 꾸준히 한 달에 한 번씩 금식을 하게 되면서 가려움을 인한 고통이 사라졌고 약으로 인한 부작용으로 소화계통이 문제가 생겨 음식을 먹어도 영양이 골고루 몸으로 흡수되질 않아서 몸이 저리고 온몸이 뼈가 쑤시고 아픔을 호소할 수밖에 없었습니다.

머리카락이 얇고 가늘어서 숱도 많지 않았던 것이 콤플렉스였지만 지금은 모발도 건강해지고 숱도 많아졌습니다.

병을 앓고 있던 온몸이 종합병원이었던 제가 어디가 어떻게 아팠었지? 기억하지 못할 정도로 금식을 통해서 돈으로 살 수 없는 건강을 되찾았고 행복과 웃음을 되찾았으며 병원과 약을 먹는 횟

수는 일 년에 한두 번 있을까 말까할 정도입니다.

물론 병이 전혀 없을 순 없습니다.

죄가 우리 마음속에 들어왔을 때 남을 미워하는 미움, 시기, 질투, 이간질, 악독한 말, 생각, 마음으로부터 지켜 행동으로 옮겨져 죄를 짓지 않기 위해 노력해야 하듯이 기도와 말씀 찬양과 금식 그리고 하나님 기뻐하는 금식을 통하여(사58:6) 나를 깨끗케 해야 합니다.

성경에서 예수님이 병자를 치유하시고 다시는 그와 같은 일을 행하지 말라고 당부하셨던 것처럼(요5:14) 우리의 육신 또한 건강을 해치는 부정적인 생각을 가져다주는 귀신의 세력 물리치기, 화내게 하는 귀신 막기, 욕쟁이 귀신을 나에게서 떼어내기, 신경질 부리게 하는 귀신을 잡아내기를 계속 훈련해야 합니다.

훈련은 이렇게 합니다. 나의 인격을 알고 그것을 하지 않기 위해서 애쓰며 때로는 '더러운 귀신아! 나에게서 떠나라. 예수이름으로!'

벧엘에 와서 배우고 보니 나의 이런 아픔과 슬픔들이 모두 조상들의 우상숭배로부터 주어지는 하늘의 벌이며(저주, 출20:5) 조상들이 물려준 헛된 행실을 따라한 죄로(벧전1:18) 말미암아 주어진 사망이었다는(롬8:2) 것을 배우면서 그 죄의 값이 3-4대(창15:16, 300-400년) 내려가며 우리를 괴롭혀 지옥 같은 삶을 살게 한다는 것을 배웠습니다.

지옥의 삶을 살게 하는 근원자는 하나님의 심부름꾼인 사탄, 마

귀, 귀신이라는 것을 하나님으로 보내어진 나를 치리하는 천사라는 것이지요(앞부분 설명)

　금식으로 죄의 빚을 갚으며 아름다운 행실로 새 가죽부대를 만들며(마9:17) 예수님의 십자가의 빚을 위하여 종으로 순종하여 갈 때 이러한 놀라운 천국의 역사가 생명의 성령의 법으로 죄와 사망의 법에서 해방되었을 때(롬8:2) 이루어진다는 것을 배워 내 몸으로 알게 되었습니다.
　하늘에 천국만 있는 줄 알았는데 사망의 법에서 생명의 법으로 나를 살리신 예수님을 찬양하며, 몸이 아파서 짜증내고 신경질 내며 살았을 때 사랑하는 가족에게 미안한 마음을 금할 수 없습니다. 그러나 내 가족도 그 조상들의 우상숭배한 죄에서 벗어나지 못하고 있음을 한탄하며 하루빨리 금식하고 성령 모셔 새 땅(새로운 사람) 새 하늘이(계21:1) 우리의 가정에 기쁨으로 와주시기를 간절히 소원합니다.

　이 책을 읽는 분 중에 저와 같은 분 계시나요?
　소망을 잃어버리신 분, 또 지옥의 삶에서 해방 받고(롬8:2) 싶은 분이 계시나요? 이곳에 오셔서 저와 같이 아름다운 열매를 드시지 않겠어요! 행복한 천국이 이 땅에서도 나를 기다리고 있답니다. 물론 죽어서 가는 천국은 걱정 마세요. 그렇게 좋은 천국을 가기 위해서 더욱 애쓰게 될 겁니다. 천국이 무엇인지 아시게 될 거니까요. 하나님 기뻐하는 금식을 가르쳐 주신 벧엘의 하나님 예수님 성령님을 찬양합니다. 할렐루야!

기적의 금식 약

초판인쇄   2015년 9월 1일
초판발행   2015년 9월 3일

지 은 이   박이스라엘
펴 낸 이   박이스라엘
펴 낸 곳   하늘빛출판사
연 락 처   031-257-8291, 010-9932-8291
출판등록   제251-2011-38호
주   소   경기도 수원시 팔달구 지동 286-26
이 메 일   csr1173@hanmail.net
I S B N   978-89-969185-8-5
가   격   10,000원